J. P. MCEVOY E
OSCAR ZARATE

ENTENDA TEORIA QUÂNTICA

UM GUIA GRÁFICO PARA A MAIS ENIGMÁTICA DESCOBERTA DA CIÊNCIA

TRADUÇÃO: MARCOS MARCIONILO

ıdendo é uma premiada coleção de livros ilustrados sobre os pensadores e .emas mais importantes da história. Aborda teorias fundamentais de diversos campos de estudo, tais como filosofia, psicologia, ciências, política, religião, estudos culturais e linguística. Cada livro é escrito por um reconhecido especialista do assunto e ilustrado por um artista gráfico. De forma agradável, a coleção oferece informações úteis e objetivas para leitores que tanto buscam um primeiro contato, como desejam adquirir um conhecimento conciso sobre o assunto.

LeYa

Título original: *Introducing Quantum Theory*

Diretor editorial: Pascoal Soto

Editor: Pedro Almeida

Editor assistente: André Fonseca

Preparação: Thiago Coutinho

Revisão: Rinaldo Milesi

Capa e diagramação: Osmane Garcia Filho

Dados Internacionais de Catalogação na Publicação (CIP)
(Câmara Brasileira do Livro, SP, Brasil)

McEvoy, J. P./Zarate, Oscar
Entendendo Teoria Quântica / J. P. McEvoy/Oscar Zarate; tradução Marcio Marcionilo -- São Paulo: Leya, 2012.

Título original : Introducing Quantum Theory : A Graphic Guide

ISBN 978-85-63066-98-5

1. Desenvolvimento pessoal 2. Ciências aplicadas 3. Guia ilustrado.

2012

TEXTO EDITORES LTDA.

[Uma editora do Grupo Leya]

Rua Desembargador Paulo Passaláqua, 86

01248-010 – São Paulo – SP – Brasil

www.leya.com.br

Twitter: @EditoraLeya

O que é a teoria quântica

A teoria quântica é o mais bem-sucedido conjunto de ideias articulado pelos seres humanos. Ela explica a tabela periódica dos elementos e por que acontecem reações químicas. Ela permite predições exatas acerca da operação de *lasers* e *microchips*, da estabilidade do DNA e acerca de como as partículas alfa constroem um túnel para fora do núcleo.

EINSTEIN
PAULI
DIRAC
A TEORIA QUÂNTICA NÃO É INTUITIVA E DESAFIA O SENSO COMUM.
RECENTEMENTE, SEUS CONCEITOS FORAM ARTICULADOS COM A FILOSOFIA ORIENTAL E USADOS COMO PROVA DOS SEGREDOS DA CONSCIÊNCIA, DO LIVRE-ARBÍTRIO E DA PARANORMALIDADE.
ESTE LIVRO RESPONDE À QUESTÃO: DE ONDE VEIO A TEORIA QUÂNTICA?
PLANCK
BORN
SCHRÖDINGER
A TEORIA QUÂNTICA NUNCA FALHOU.
A TEORIA QUÂNTICA É ESSENCIALMENTE MATEMÁTICA...
SUA ESTRUTURA REVOLUCIONOU A FORMA COMO O MUNDO FÍSICO É VISTO.
BOHR
DE BROGLIE
HEISENBERG

A apresentação da teoria quântica feita por Niels Bohr em 1927 é considerada ortodoxa até hoje. Mas os experimentos mentais de Einstein, nos anos 1930, questionaram a validade dessa teoria e continuam sendo debatidos. Será que ele está certo de novo? Ainda falta algo?
Vamos começar pelo começo...

Introdução à teoria quântica

VOCÊ SABE... É MAIS FÁCIL EXPLICAR A TEORIA QUÂNTICA A UM INICIANTE DO QUE A UM FÍSICO CLÁSSICO.
TÁ BRINCANDO! ENTÃO QUAL É O PROBLEMA DESSES CARAS CLÁSSICOS COM A TEORIA MODERNA?

O problema é o seguinte: pouco antes da virada do século XIX para o século XX, os físicos estavam tão seguros de suas ideias sobre a natureza da matéria e da radiação que nenhum novo conceito que contradissesse seu esquema **clássico** receberia o menor crédito.

Não apenas o formalismo matemático de **Isaac Newton** (1642-1727) e de **James Clerk** (1831-1879) era impecável como as previsões baseadas em suas teorias tinham sido confirmadas por experimentos cuidadosamente detalhados durante muitos anos. A Idade da Razão se transformou na era da certeza!

Físicos clássicos

Qual é a definição de clássico?

Aqui, entende-se por **clássicos** os físicos do fim do século XIX que se nutriam de uma dieta acadêmica que consistia na mecânica de Newton e no eletromagnetismo de Maxwell — as duas mais bem-sucedidas sínteses dos fenômenos físicos da história do pensamento.

COM UM SIMPLES PLANO INCLINADO E UMA ESFERA DE METAL, DEMONSTREI QUE A FÍSICA DO GRANDE ARISTÓTELES ERA INVÁLIDA.
ORA! DEIXE DE SER METIDO!

Testar as teorias pela observação se tornou a marca distintiva dos bons físicos a partir de Galileu (1564-1642). Ele demonstrou como projetar experimentos, tomar medidas e comparar os resultados com os prognósticos das leis matemáticas.

A interação entre teoria e experimento ainda é a melhor maneira de proceder no mundo de uma ciência aceitável.

Está tudo provado (e clássico)...

No decorrer dos séculos XVIII e XIX, as leis newtonianas do movimento foram verificadas e confirmadas por respeitados testes.

MINHA LEI DA GRAVIDADE FOI UTILIZADA PARA PREVER COM GRANDE PRECISÃO OS MOVIMENTOS UNIFORMES DOS PLANETAS...
EU INDIQUEI A EXISTÊNCIA DE ONDAS INVISÍVEIS DE "LUZ" EM MINHA TEORIA DA ONDA ELETROMAGNÉTICA EM 1865, E HEINRICH HERTZ (1857-1894) DETECTOU SEUS SINAIS EM 1888 EM SEU LABORATÓRIO DE BERLIM. AGORA, ELAS SÃO CHAMADAS DE ONDAS DE RÁDIO.
ESSAS ONDAS SE REFLETEM E REFRATAM DO MESMO MODO QUE A LUZ. MAXWELL ESTAVA CERTO.

Não é de se admirar que esses físicos clássicos confiassem naquilo que conheciam.

"Preencher a sexta casa decimal"

Físico clássico da Universidade de Glasgow, o muito influente **Lorde Kevin** (1824-1907) apontou para apenas duas nuvens escuras no horizonte newtoniano.

RELATIVIDADE
TEORIA QUÂNTICA
COMO EU PODERIA SABER QUE UMA DESSAS NUVENS DESAPARECERIA SOMENTE COM O ADVENTO DA RELATIVIDADE – E QUE A OUTRA LEVARIA À TEORIA QUÂNTICA?

Em junho de 1894, **Albert Michelson** (1852-1931), norte-americano vencedor do Prêmio Nobel, pensou estar parafraseando Kevin em uma observação que ele lamentaria pelo resto da vida.

TUDO O QUE RESTA A FAZER EM FÍSICA É PREENCHER A SEXTA CASA DECIMAL. (NÃO POSSO ACREDITAR QUE EU DISSE ISSO!)
0.12345...

Os postulados fundamentais da física clássica

Os físicos clássicos construíram séries inteiras de postulados que focalizavam seu pensamento e dificultavam muito a aceitação de novas ideias. Temos, a seguir, uma lista **do que eles consideravam absolutamente certo** a respeito do mundo material...

(1) O universo era como uma máquina gigante assentada em uma estrutura de tempo e espaço absolutos. Um movimento complicado podia ser entendido como um simples das partes internas da máquina, mesmo que essas não pudessem ser visualizadas.

(2) A síntese newtoniana implicava que todo movimento tinha uma ***causa****. Se um corpo realizava um movimento, alguém sempre poderia calcular o que produzia esse movimento. Isso é simplesmente* ***causa e efeito****, algo que ninguém questionou de verdade.*

(3) Se o estado de movimento era conhecido em determinado ponto — por exemplo, o presente —, ele poderia ser determinado em qualquer outro ponto no futuro ou até mesmo no passado. Nada era incerto, tudo era simplesmente consequência de alguma causa prévia. O chamado ***determinismo****.*

(4) As propriedades da luz estavam ***completamente descritas*** *pela teoria de onda eletromagnética de Maxwell e confirmadas pelos padrões de interferência observados em um simples experimento de dupla fenda feito por Thomas Young em 1802.*

(5) Há dois modelos físicos para representar a energia em movimento: uma partícula, representada por uma esfera impenetrável como uma bola de bilhar; e uma ***onda****, como aquelas que avançam para a praia pela superfície do oceano. Ambos os modelos são mutuamente exclusivos, ou seja, a energia tem de ser ou um, ou outro.*

(6) Era possível medir com a máxima exatidão as propriedades de um sistema, como a temperatura ou a velocidade. Bastava reduzir a intensidade da investigação do observador ou corrigi-la com um ajuste teórico. Os sistemas atômicos não eram considerados exceção a essa regra.

Os físicos clássicos acreditavam que todas essas afirmativas eram **integralmente verdadeiras**. Mas **todos** os seis postulados podiam, em determinado momento, ser postos **em dúvida**. Os primeiros a considerar isso foram os participantes do grupo de físicos que se reuniram no Hotel Metrópole, em Bruxelas, no dia 24 de outubro de 1927.

A Conferência de Solvay de 1927 — Formulação da teoria quântica

Poucos anos antes da deflagração da Primeira Guerra Mundial, o industrial belga **Ernest Solvay** (1838-1992) patrocinou o primeiro de uma série de encontros internacionais de físicos em Bruxelas. A participação nesses encontros exigia um convite especial, e os participantes — normalmente restritos a cerca de 30 pessoas — deveriam levar considerações sobre um tópico previamente selecionado.

Os cinco primeiros encontros, ocorridos entre 1911 e 1927, compuseram, de maneira notável, a crônica do desenvolvimento da física do século XX. A reunião de 1927 se concentrou na teoria quântica e foi prestigiada por nada menos que nove físicos teóricos, que deram os suportes fundamentais à teoria. Cada um desses nove físicos seria posteriormente distinguido com o Prêmio Nobel por sua contribuição.

ARQUIMEDES
KEPLER
ESSE MOMENTO PODE SER COMPARADO A QUANDO POSAMOS JUNTOS PARA COMEMORAR O DESENVOLVIMENTO DA FÍSICA CLÁSSICA.
NEWTON
GALILEO
FARADAY
MAXWELL

A fotografia da Conferência de Solvay de 1927, a seguir, é um bom ponto de partida para apresentar os principais atores do desenvolvimento da mais moderna de todas as teorias físicas. As futuras gerações se admirariam com a escala temporal comprimida e com a proximidade geográfica que conseguiram reunir esses gigantes da física quântica em 1927.

Será difícil localizar outro período da história da ciência no qual tanta coisa tenha sido esclarecida por tão poucos em tão curto período de tempo.

Observem o tristonho **Max Planck** (1858-1947) na primeira fila, ao lado de **Marie Curie** (1867-1934). Com seu chapéu e seu charuto, Planck parece não ter a mínima vitalidade, exausto depois de anos de tentativas de refutar suas próprias ideias revolucionárias sobre matéria e radiação.

COMECEI ISSO TUDO EM 1900, LEVANTANDO A HIPÓTESE DE QUE A MATÉRIA PODE ABSORVER E COMPORTAR A RADIAÇÃO ELETROMAGNÉTICA (ISTO É, A LUZ) APENAS EM FEIXES DE ENERGIA CHAMADOS QUANTA, CUJO TAMANHO É PROPORCIONAL À FREQUÊNCIA DA RADIAÇÃO.

Poucos anos depois, em 1905, um jovem escriturário do serviço de patentes da Suíça, chamado **Albert Einstein** (1879-1955), difundiu a noção de Planck.

Esse é Einstein, no centro da primeira fila, sentado rigidamente com seu traje formal. Ele vinha meditando há mais de vinte anos sobre o problema quântico sem *insights* reais desde seu artigo de 1905. Nesse tempo, ele continuou a contribuir para o desenvolvimento da teoria e aprovou ideias originais de outros com confiança sobrenatural. Sua maior obra, *A teoria da relatividade*, que lhe tinha feito uma celebridade internacional, já tinha uma década.

EU DEMONSTREI QUE A LUZ EXISTE **SEMPRE** COMO QUANTA, O QUE FAZ, NATURALMENTE, COM QUE A MATÉRIA A ABSORVA E A EMITA COMO TAL. É UMA PENA QUE **PLANCK** NUNCA TENHA ACREDITADO EM MIM.

Em Bruxelas, Einstein debatera as estranhas conclusões da teoria quântica com seu mais respeitado e determinado proponente, o "grande dinamarquês" **Niels Bohr** (1885-1962). Bohr — mais que qualquer outra pessoa — seria associado com a luta para interpretar e entender a teoria. Na extrema direita da foto, na segunda fileira, ele parece relaxado e confiante — o professor de 42 anos no ápice de suas forças.

EM MINHA CONFERÊNCIA, REVISEI A INTERPRETAÇÃO PROBABILÍSTICA DA TEORIA QUÂNTICA PARA A APARENTE SATISFAÇÃO DE QUASE TODOS OS PRESENTES, MENOS ***EINSTEIN.***

Foi assim que teve início uma recorrente discussão entre esses dois mestres da física do século XX, que durou até a morte de Einstein, em 1955.

Na última fileira, atrás de Einstein, **Erwin Schrödinger** (1887-1961) aparenta estar especialmente à vontade com sua jaqueta esporte e sua gravata borboleta. À sua esquerda, pulando uma pessoa, estão os "jovens turcos" **Wolfgang Pauli** (1900-1958) e **Werner Heisenberg** (1901-1976) — em torno de 20 anos — e, na frente deles, **Paul Dirac** (1902-1984), **Louis de Broglie** (1892-1987), **Max Born** (1882-1970) e Bohr. Esses homens estão atualmente imortalizados por sua associação com as propriedades fundamentais do mundo microscópico: *a equação de onda*, de Schrödinger; *o princípio de exclusão*, de Pauli; *a relação da incerteza*, de Heisenberg; *o átomo de Bohr*... e assim por diante.

Estavam todos lá — de Planck, o mais velho, aos 69 anos, que deu início a tudo isso em 1900 — a Dirac, o mais jovem, aos 25 anos, que viria a completar a teoria em 1928.

Um dia após essa fotografia ser tirada — 30 de outubro de 1927 — com as históricas trocas de ideias entre Bohr e Einstein ainda fervilhando nas mentes, os participantes da conferência tomaram seus trens na Estação Central de Bruxelas para regressar a Berlim, Paris, Cambridge, Göttingen, Copenhague, Viena e Zurique.

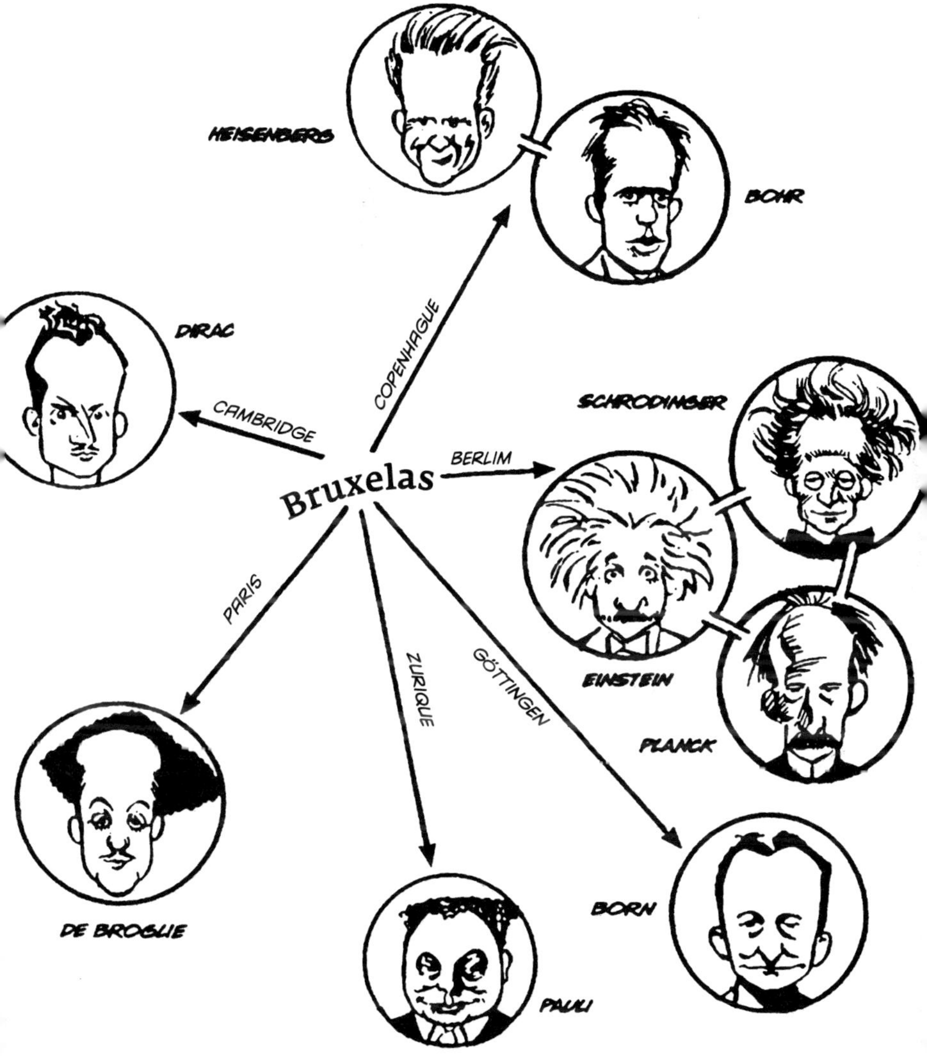

Eles levavam consigo o mais estranho conjunto de ideias jamais articulado por cientistas. Secretamente, a maioria deles provavelmente estava de acordo com Einstein: essa loucura chamada teoria quântica era apenas um passo na direção de uma teoria mais completa e seria descartada por algo melhor, que estivesse mais de acordo com o senso comum.

Mas como surgiu a teoria quântica? Que experimentos levaram esses homens tão cuidadosos a ignorar os princípios da física clássica para propor ideias sobre a natureza que violavam o senso comum?

Antes de começarmos a estudar esses paradoxos experimentais, necessitamos de um pouco de conhecimento de **termodinâmica** e de **estatística**, que são fundamentais para o desenvolvimento da teoria quântica.

O que é termodinâmica?

O nome "termodinâmica" significa movimento do calor, que sempre flui de um corpo de temperatura mais elevada para um corpo de temperatura menos elevada, até que a temperatura dos dois se iguale. Esse é o chamado equilíbrio térmico.
O calor é corretamente descrito como uma forma de vibração...

ESSA CADEIRA ESTÁ QUENTE. VOCÊ DEIXOU ALGO TÉRMICO EMBAIXO DELA?
NÃO. ELA ESTÁ AQUECIDA APENAS PORQUE AS MOLÉCULAS DA CADEIRA AINDA ESTÃO VIBRANDO NA MESMA VELOCIDADE DE MEU CORPO – QUE É, AO QUE PARECE, MAIS RÁPIDO QUE O SEU. POR ISSO VOCÊ ESTÁ SENTINDO A CADEIRA QUENTE.

A primeira lei da termodinâmica

Na Grã-Bretanha do século XIX, foram rapidamente desenvolvidos modelos mecânicos capazes de explicar o fluxo de calor baseados nas conquistas de **James Watt** (1736-1819), um escocês que construiu uma máquina a vapor.

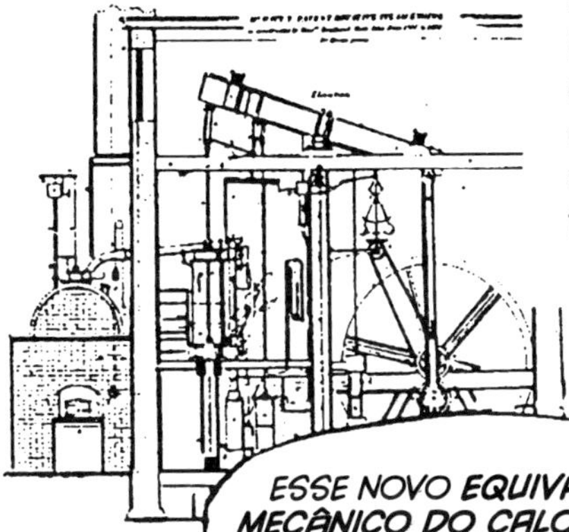

Logo depois, **James Prescott Joule** (1818-1889), filho de um cervejeiro de Manchester, demonstrou que determinada quantidade de calor pode ser equiparada a certa quantidade de trabalho mecânico.

ESSE NOVO EQUIVALENTE MECÂNICO DO CALOR ERA O PRINCÍPIO DOS ESTUDOS DE TERMODINÂMICA.

Foi quando alguém disse...: "Dado que o calor pode ser transformado em trabalho, ele deve ser uma forma de energia" (o termo grego para *energia* significa "contém trabalho"). Mas foi preciso esperar até 1847 para que um cientista acadêmico respeitável, **Hermann Von Helmholtz** (1821-1894), afirmasse...

SEMPRE QUE DETERMINADA QUANTIDADE DE ENERGIA DESAPARECE DE UM LUGAR, UMA EQUIVALENTE DEVE APARECER EM OUTRO PONTO DO MESMO SISTEMA.

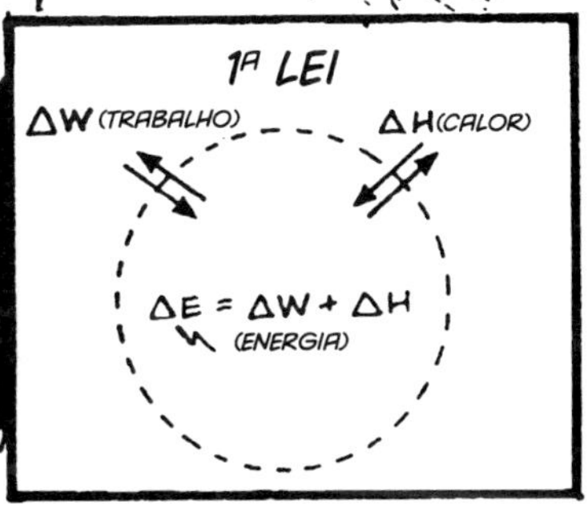
1ª LEI
ΔW (TRABALHO)
ΔH (CALOR)
ΔE = ΔW + ΔH
(ENERGIA)

Essa é a chamada **lei da conservação da energia**. Ela permanece como um dos alicerces da física moderna não influenciada pelas teorias modernas.

Rudolf Clausius: duas leis

Em 1850, o físico alemão **Rudolf Clausius** (1822-1888) publicou um artigo no qual classificou a lei de conservação da energia como a primeira lei da termodinâmica. Ao mesmo tempo, ele afirmava que havia um **segundo** princípio da termodinâmica, segundo o qual ocorre sempre alguma degradação da energia total no sistema, ou seja, uma determinada quantidade de calor é desperdiçada em um processo termodinâmico.

Clausius introduziu um novo conceito, chamado **entropia**, que é definida pelo calor que se transfere de um corpo para outro.

EU DEMONSTREI QUE A ENTROPIA TOTAL DE UM SISTEMA AUMENTA QUANDO O CALOR FLUI DE UM CORPO QUENTE (TEMPERATURA MAIS ALTA) PARA UM CORPO FRIO (TEMPERATURA MAIS BAIXA).
CONTUDO, VISTO QUE O OBSERVADO SEMPRE FOI O CALOR FLUIR DO QUENTE PARA O FRIO, PUDE ENTÃO DETERMINAR A SEGUNDA LEI DA TERMODINÂMICA.

A entropia de um sistema isolado sempre aumenta até alcançar um máximo de equilíbrio térmico, ou seja, quando todos os corpos no sistema atingem a mesma temperatura.

A existência dos átomos

Um filósofo grego chamado **Demócrito** (460-370 a.C.) foi o primeiro a propor o conceito de átomo (que, em grego, significa "indivisível").

Essa ideia foi questionada por Aristóteles e debatida durante centenas de anos, antes de o químico inglês **John Dalton** (1766-1844) usar o conceito atômico para prever as propriedades químicas de elementos e de compostos em 1806.

Mas foi apenas um século depois que um cálculo teórico feito por Einstein e outros experimentos do francês Jean Perrin (1870-1942) convenceram os céticos da existência de átomos como um fato.

Ainda assim, durante o século XIX, mesmo sem uma prova física da existência dos átomos, muitos teóricos usaram esse conceito.

Moléculas diatômicas médias

O físico escocês J. C. Maxwell, um célebre atomista, desenvolveu sua teoria cinética dos gases em 1859.

EU IMAGINEI O GÁS COMO BILHÕES DE MOLÉCULAS EM MOVIMENTO RÁPIDO E ALEATÓRIO, COLIDINDO UMAS COM AS OUTRAS E COM AS PAREDES DO RECIPIENTE.

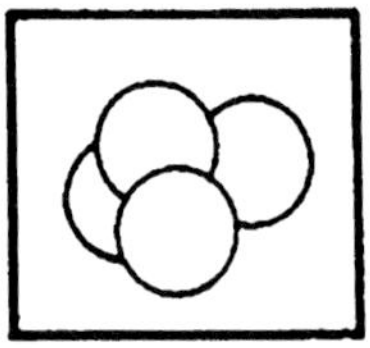

AREIA
Cristais de areia formados por bilhões de átomos

ÁGUA H_2O
A molécula de água formada por três átomos

GÁS H_2, O_2 ou N_2
A molécula de gás formada por dois átomos

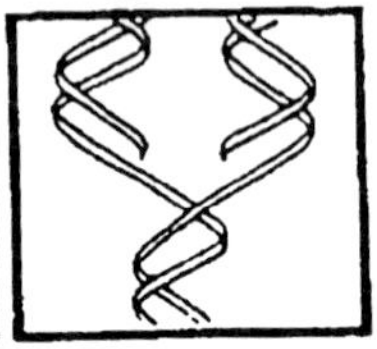

DNA
A molécula do DNA formada por centenas de átomos

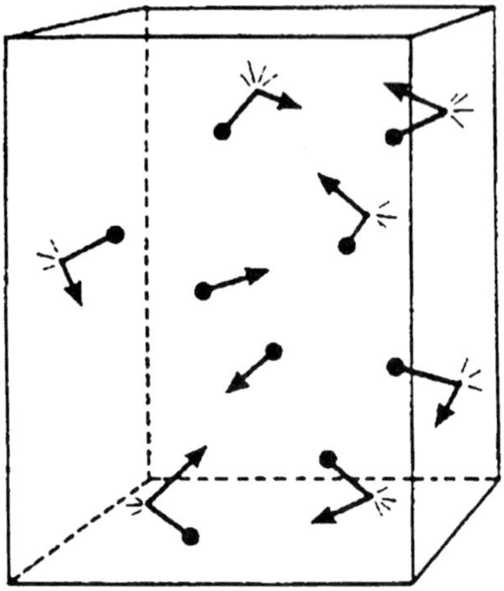

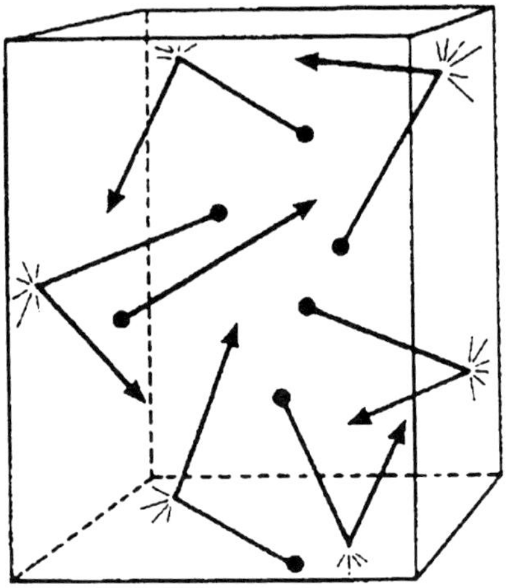

Este foi qualitativamente consistente com as propriedades físicas dos gases, se aceitarmos a teoria de que aquecimento faz com as moléculas se moverem mais rapidamente e por consequência batem nas paredes do recipiente com mais frequência.

A teoria de Maxwell foi baseado em *estatísticas médias* para ver se as propriedades macroscópicas (isto é, aquelas propriedades que podem ser medidos em um laboratório) podiam ser previstas a partir de uma coleta de moléculas de gás em um modelo de microscópio.

Maxwell fez quatro afirmativas:

AS MOLÉCULAS SÃO SEMELHANTES A ESFERAS DURAS COM DIÂMETRO MUITO MENOR DO QUE A DISTÂNCIA ENTRE ELAS.
AS COLISÕES ENTRE AS MOLÉCULAS CONSERVAM A ENERGIA.
AS MOLÉCULAS SE MOVEM ENTRE AS COLISÕES SEM INTERAGIR A UMA VELOCIDADE CONSTANTE EM LINHA RETA.
A POSIÇÃO E A VELOCIDADE DAS MOLÉCULAS SÃO INICIALMENTE ALEATÓRIAS.
Essa última afirmação foi a mais inesperada e revolucionária e demonstrava a grandeza da intuição sobre física de Maxwell.

POR QUE USO MÉDIAS? SERÁ QUE EU PODERIA CALCULAR EXATAMENTE O MOVIMENTO DAS MOLÉCULAS USANDO AS LEIS DE NEWTON?
PARA SER HONESTO, NÃO... NÃO PODERIA. FOI POR ISSO QUE ESCOLHI MÉDIAS ESTATÍSTICAS.
PENSE: MESMO UMA PEQUENA QUANTIDADE DE GÁS, DIGAMOS UM **MOL**, CONTÉM 6X10^{23} MOLÉCULAS. PARECE RIDÍCULO QUANDO VEMOS ESCRITO...
Fig. 56.
A
B
E
F
m
n
D

(600.000.000.000.000.000.000.000)

MOVIMENTO RANDÔMICO VISTO POR PERRIN

Seria impossível tentar computar os movimentos individuais de tantas partículas. Mas a análise de Maxwell, baseada na mecânica de Newton, demonstrou que a temperatura é a medida da **velocidade quadrada média** microscópica das moléculas. Ou seja, a velocidade média multiplicada por si mesma.

A verdadeira importância da teoria de Maxwell é a previsão da provável distribuição da velocidade das moléculas, baseada em seu modelo. Em outras palavras, isso dá a extensão das velocidades... como todo o conjunto se desvia da média.

AO AFIRMAR QUE AS PARTÍCULAS DE GÁS QUE SE MOVIAM UNIFORMEMENTE NO ESPAÇO ERAM MUTUAMENTE INDEPENDENTES E NÃO TINHAM UMA DIREÇÃO DEFINIDA, EU PODERIA CALCULAR A PROBABILIDADE DE QUE UMA MOLÉCULA ESCOLHIDA ALEATORIAMENTE TIVESSE UMA VELOCIDADE PARTICULAR.

Essa é a célebre curva que os físicos chamam atualmente de *Distribuição de Maxwell*. Ela fornece informações muito úteis sobre bilhões e bilhões de moléculas, mesmo que a movimentação de uma molécula individual nunca possa ser calculada. É nesse ponto que se recorre às probabilidades: quando um cálculo exato é praticamente impossível.

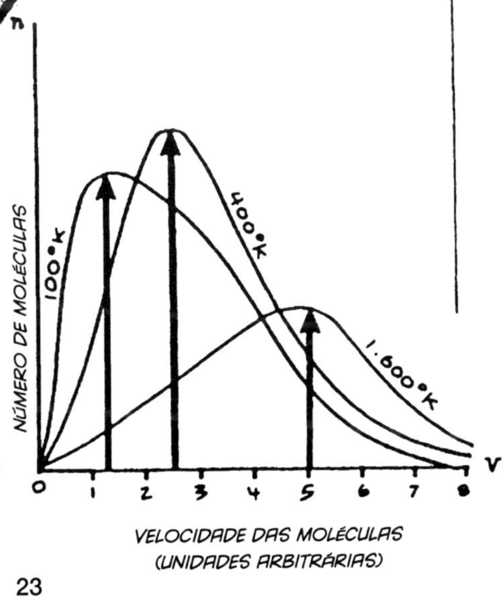

n
NÚMERO DE MOLÉCULAS
100°K
400°K
1.600°K
v
0 1 2 3 4 5 6 7 8
VELOCIDADE DAS MOLÉCULAS
(UNIDADES ARBITRÁRIAS)

Ludwig Boltzmann e a mecânica estatística

Nos anos 1870, **Ludwig Boltzmann** (1844-1906) — inspirado pela cinética de Maxwell — fez uma afirmação teórica.

- Ele apresentou uma lei geral da probabilidade de distribuição, chamada de **distribuição ortodoxa** ou canônica, que poderia ser aplicada a qualquer coleção de entidades que tivessem liberdade de movimento, ou seja, que fossem independentes uma da outra e pudessem interagir aleatoriamente.

- Ele formalizou o **teorema da equipartição de energia.**

Isso quer dizer que a energia será igualmente dividida entre todos os graus de liberdade se o sistema alcançar o equilíbrio térmico.

- Ele deu uma nova interpretação à Segunda Lei.

Quando a energia em um sistema se degrada (como Clausius afirmou em 1850), os átomos do sistema se desordenam e a entropia aumenta. Mas é possível medir a desordem pela probabilidade do sistema particular — definida como a quantidade de maneiras em que a coleção de átomos pode se reunir.

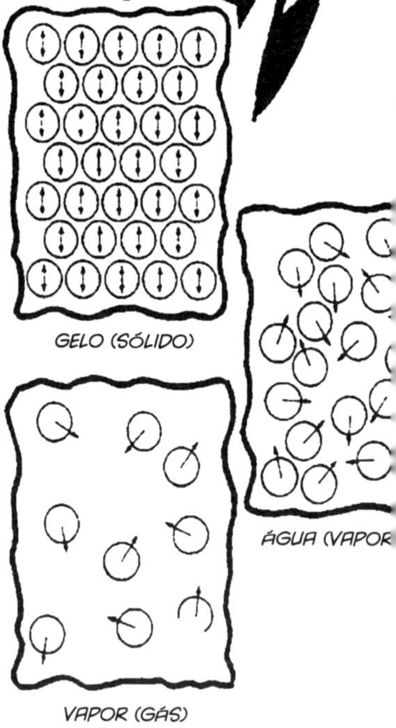

Mais precisamente, a entropia é dada como:

$$S = k \, Log \, W \ldots$$

em que **k** é uma constante (atualmente chamada de *constante de Boltzmann*) e **W** é a probabilidade de que um ordenamento particular dos átomos possa ocorrer. Essa pesquisa concedeu a Boltzmann o título de criador da *mecânica estatística*, um método pelo qual as propriedades dos corpos macroscópicos são previstas a partir do comportamento estatístico das partes microscópicas que os constituem.

Equilíbrio térmico e flutuações

AFIRMEI QUE UM SISTEMA EVOLUIRÁ DE UM ESTADO MENOS PROVÁVEL PARA UM MAIS PROVÁVEL QUANDO FOR AGITADO POR CALOR OU VIBRAÇÃO MECÂNICA, ATÉ ALCANÇAR O EQUILÍBRIO TÉRMICO. EM EQUILÍBRIO, O SISTEMA ESTARÁ EM SEU ESTADO MAIS PROVÁVEL QUANDO A ENTROPIA ALCANÇAR O PONTO MÁXIMO.
É IMPOSSÍVEL CALCULAR O MOVIMENTO DE BILHÕES E BILHÕES DE PARTÍCULAS. MAS O MÉTODO DA PROBABILIDADE PODE DAR RESPOSTAS DIRETAS A RESPEITO DO ESTADO MAIS PROVÁVEL.
EU TAMBÉM INTRODUZI A CONTROVERSA NOÇÃO DE FLUTUAÇÕES.
EXISTE UMA PEQUENA PROBABILIDADE DE QUE TODAS AS MOLÉCULAS DE UM SISTEMA DE GÁS CONFINADO APAREÇAM DURANTE UM INSTANTE M APENAS UM LADO DO RECIPIENTE. SA POSSIBILIDADE PODE EXISTIR SE INTERPRETAÇÃO PROBABILÍSTICA DA ENTROPIA FOR POSSÍVEL. ELA É CHAMADA DE FLUTUAÇÃO DE ENERGIA.

Essas novas ideias — usando probabilidades e estatísticas de sistemas *microscópicos* para prever propriedades *macroscópicas* que possam ser medidas em laboratório (como temperatura, pressão etc.) — estão na base de tudo o que estava por vir em termos de teoria quântica.

A Guerra dos Trinta Anos (1900-1930) – Física quântica *versus* física clássica

Examinemos agora três experimentos críticos da era pré-quântica que não poderiam ser explicados por uma aplicação estrita da física clássica.

RADIAÇÃO DO CORPO NEGRO E A CATÁSTROFE ULTRAVIOLETA (O QUANTUM DE PLANCK)
O EFEITO FOTOELÉTRICO (AS PARTÍCULAS DE LUZ DE EINSTEIN)
OS ESPECTROS ÓPTICOS DA LINHA BRILHANTE (O ÁTOMO DE BOHR).

Cada um desses experimentos envolvia a interação entre radiação e matéria, tal qual fora reportada por confiáveis cientistas experimentais. As medidas eram rigorosas e reprodutíveis, mesmo que paradoxais... o tipo de situação pela qual um bom físico teórico ansiava.

Vamos descrever cada experimento passo a passo, ressaltando a crise provocada e as soluções a que chegaram Max Planck, Albert Einstein e Niels Bohr, respectivamente. Ao pôr em evidência suas soluções, esses cientistas deram as primeiras contribuições fundamentais para uma nova compreensão da natureza. Hoje em dia, a combinação do trabalho desses três homens, que culminou no modelo atômico de Bohr em 1913, é conhecida como *teoria quântica antiga.*

Radiação do corpo negro

Quando um objeto é aquecido, ele emite uma radiação que consiste em ondas eletromagnéticas, ou seja, *luz*, com um amplo espectro de frequências.

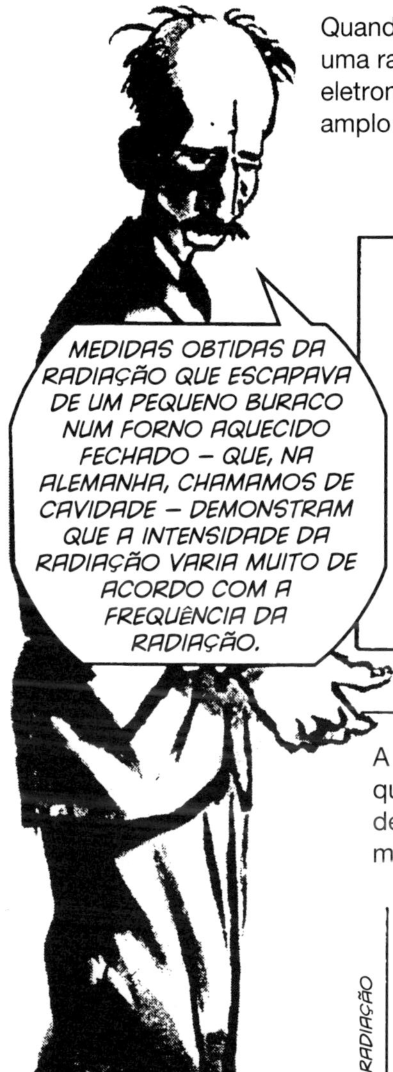
MEDIDAS OBTIDAS DA RADIAÇÃO QUE ESCAPAVA DE UM PEQUENO BURACO NUM FORNO AQUECIDO FECHADO – QUE, NA ALEMANHA, CHAMAMOS DE CAVIDADE – DEMONSTRAM QUE A INTENSIDADE DA RADIAÇÃO VARIA MUITO DE ACORDO COM A FREQUÊNCIA DA RADIAÇÃO.

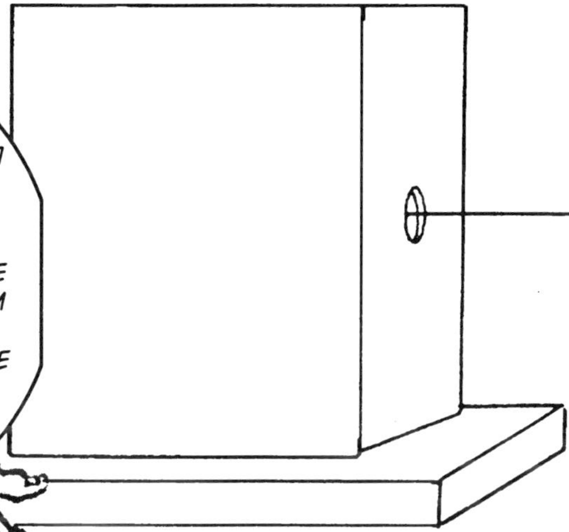

A frequência dominante sobe à medida que a temperatura aumenta, como demonstra o gráfico extraído de medições feitas no fim do século XIX.

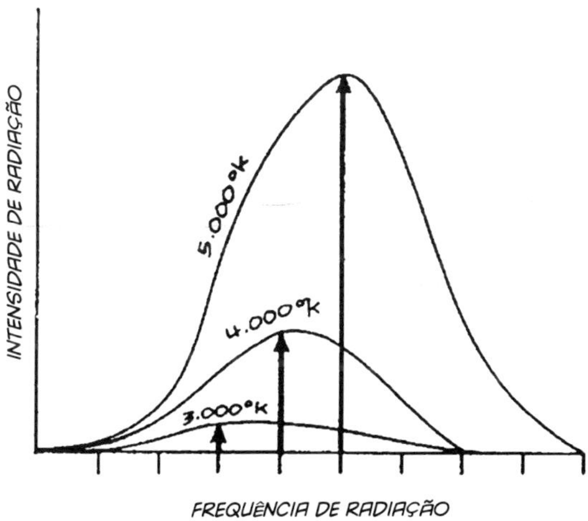
INTENSIDADE DE RADIAÇÃO
5.000°K
4.000°K
3.000°K
FREQUÊNCIA DE RADIAÇÃO

UMA "CAIXA" (CAVIDADE) DE RADIAÇÃO

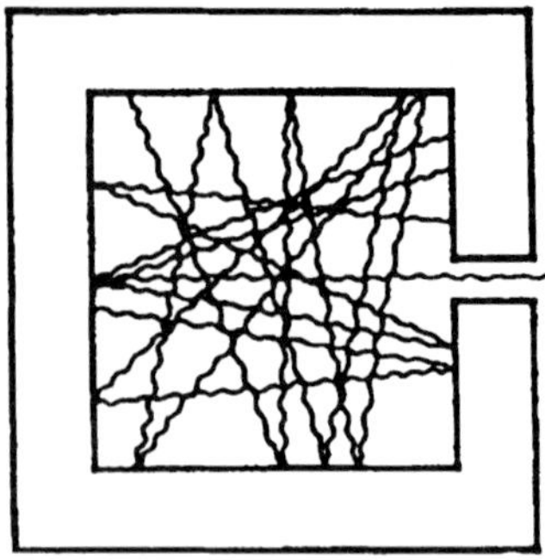

Um *corpo negro* é aquele que absorve integralmente toda a radiação eletromagnética incidida sobre ele. Dentro de uma cavidade, a radiação não tem para onde ir e é continuamente absorvida e reemitida pelas paredes. Desse modo, uma pequena abertura deixará escapar a radiação **emitida** pelas paredes, não refletida, que é, então, uma característica do corpo negro.

Quando o forno está apenas aquecido, a radiação está presente, mas nós não podemos vê-la, porque ela não estimula a visão. À medida que o forno vai ficando cada vez mais aquecido, as frequências atingem a faixa visível e a cavidade se torna vermelha como um ferro em brasa.

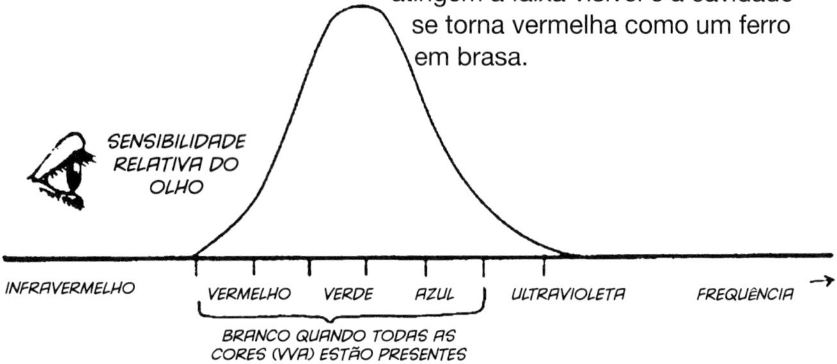
SENSIBILIDADE RELATIVA DO OLHO
INFRAVERMELHO
VERMELHO
VERDE
AZUL
ULTRAVIOLETA
FREQUÊNCIA
BRANCO QUANDO TODAS AS CORES (VVA) ESTÃO PRESENTES

SOB CERTAS CONDIÇÕES DE EQUILÍBRIO, A RADIAÇÃO DEPENDE APENAS DA TEMPERATURA. A CERCA DE 800 GRAUS CENTÍGRADOS, INDEPENDENTEMENTE DO QUE ESTIVER NO FORNO – CARVÃO, VIDRO OU METAL –, VÊ-SE UMA COR VERMELHA UNIFORME.

Foi assim que os oleiros antigos determinaram a temperatura dentro de suas estufas. Por volta de 1792, o famoso porcelanista Josiah Wedgwood percebeu que todos os corpos se tornam vermelhos à mesma temperatura.

GUIA DO OLEIRO

550°C	VERMELHO ESCURO
750°C	VERMELHO CEREJA
900°C	LARANJA
1.000°C	AMARELO
1.200°C	BRANCO

Em 1896, um amigo de Planck, Wilhelm Wien, e outros pesquisadores do departamento de física do *Reichsanstalt de Berlim* (Escritório de Pesos e Medidas) montaram um cilindro oco bastante caro de porcelana e de platina.

NÓS GRAVAMOS A DISTRIBUIÇÃO DE COR DA RADIAÇÃO QUE ESCAPAVA DE UM BURACO EM UMA DAS PONTAS, MEDINDO DO PONTO PRÓXIMO AO INFRAVERMELHO ATÉ O VIOLETA.

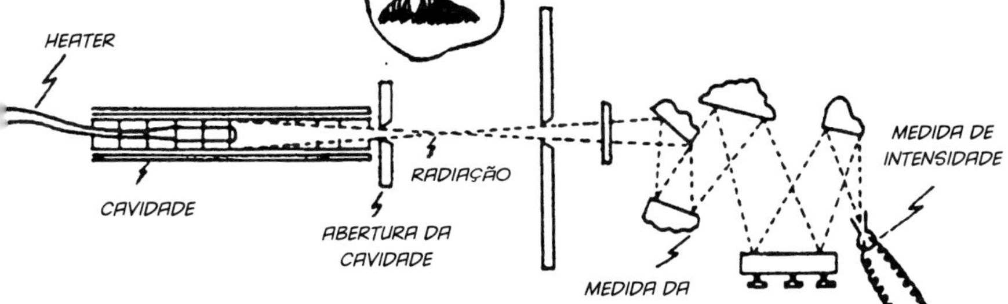
HEATER
CAVIDADE
RADIAÇÃO
ABERTURA DA CAVIDADE
MEDIDA DA FREQUÊNCIA
MEDIDA DE INTENSIDADE

Na *Tecnische Hochschule* de Berlim, outro pesquisador estreitamente relacionado a Planck, Heinrich Rubens, operava em um forno diferente.

MEDIMOS AS FREQUÊNCIAS INFRAVERMELHAS PROFUNDAS.

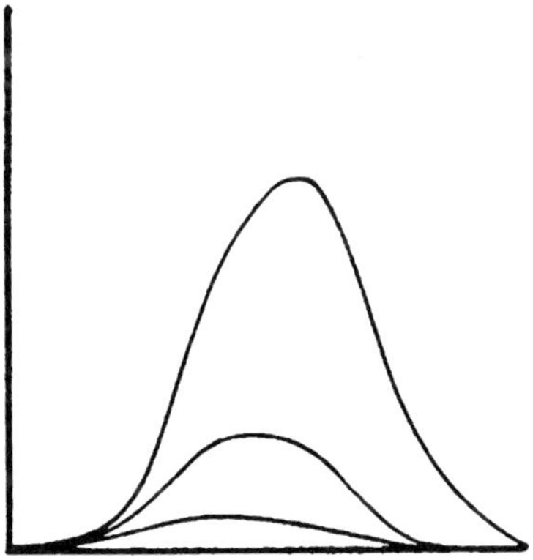
RADIAÇÃO DO CORPO NEGRO

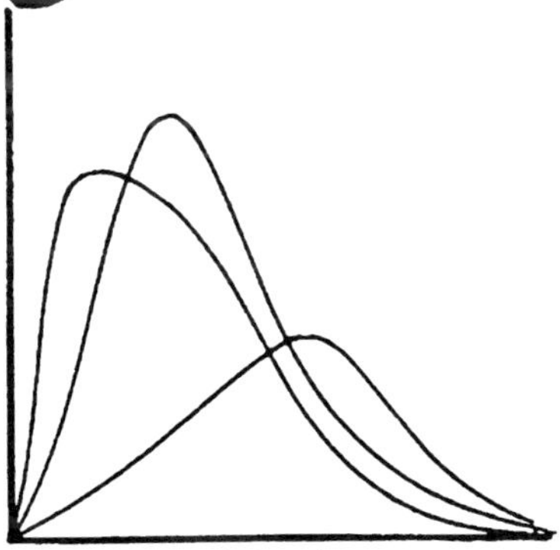
DISTRIBUIÇÃO DA VELOCIDADE DE MAXWELL

Essas curvas de radiação — um dos problemas centrais da física teórica no final dos anos 1890 — mostraram-se muito semelhantes àquelas calculadas por Maxwell para a distribuição de velocidade (isto é, energia) de moléculas de gás aquecido em um recipiente fechado.

Resultados paradoxais

Será que esse problema da *radiação do corpo negro* poderia ser estudado do mesmo modo como o gás ideal de Maxwell foi: ondas eletromagnéticas (em vez de moléculas de gás) chocando-se em equilíbrio contra as paredes de um recipiente fechado?

Wien derivou a fórmula baseado em alguns argumentos teóricos em perfeito acordo com os experimentos publicados, mas apenas na parte de **alta frequência** do espectro.

O físico clássico inglês **Lord Rayleigh** (1842-1919) e **Sir James Jeans** (1877-1946) recorriam às mesmas afirmativas teóricas, do mesmo modo como Maxwell fizera com sua teoria cinética dos gases.

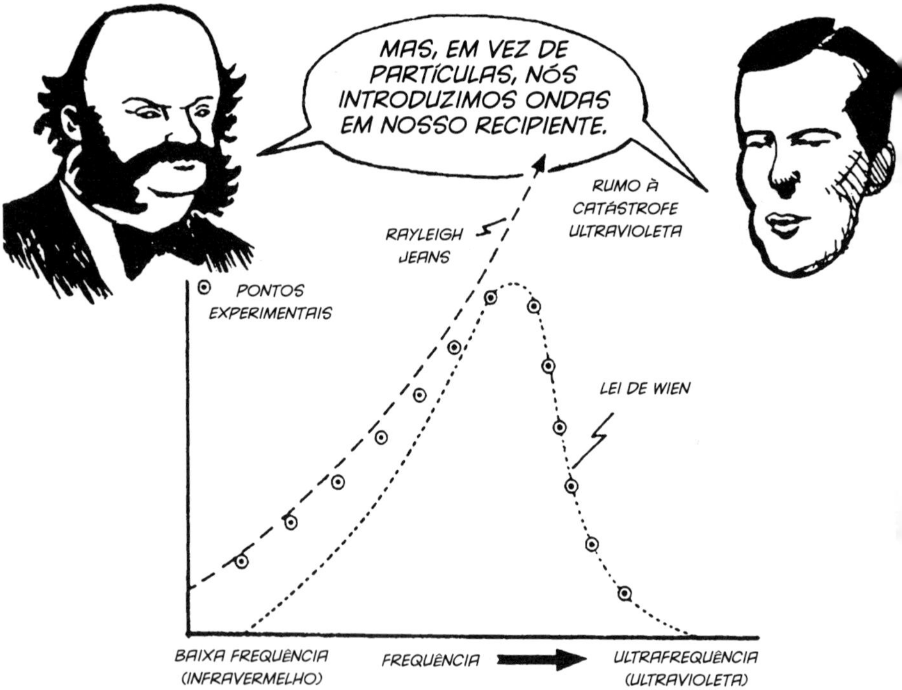

A equação de Rayleigh e Jeans funcionava perfeitamente em **baixas frequências**, mas eles levaram um verdadeiro choque na região de alta frequência. A teoria clássica previa uma **intensidade infinita para a região ultravioleta** e para além dela, como o gráfico acima demonstra. Ela passou a ser nomeada de catástrofe ultravioleta.

O que realmente significa esse resultado experimental?

O que deu errado?

O resultado Rayleigh-Jeans está claramente errado, senão qualquer pessoa que olhasse dentro da cavidade (ou o senhor Wedgwood dentro de sua estufa)...

EU TERIA SOFRIDO QUEIMADURAS NOS OLHOS.
A CATÁSTROFE ULTRAVIOLETA SE TORNOU UM VERDADEIRO PARADOXO PARA A FÍSICA CLÁSSICA.
SE RAYLEIGH E JEANS ESTIVESSEM CERTOS, SERIA PERIGOSO PARA NÓS ATÉ MESMO NOS SENTAR DIANTE DE UMA LAREIRA.

Se os físicos clássicos tivessem conseguido o que queriam, o brilho romântico das brasas logo teria se transformado em radiação letal para a vida. Algo tinha de ser feito!

A catástrofe ultravioleta

Todos admitiam que o método de Rayleigh e Jeans fazia sentido, então será proveitoso examinar o que eles realmente fizeram e por que isso não funcionou.

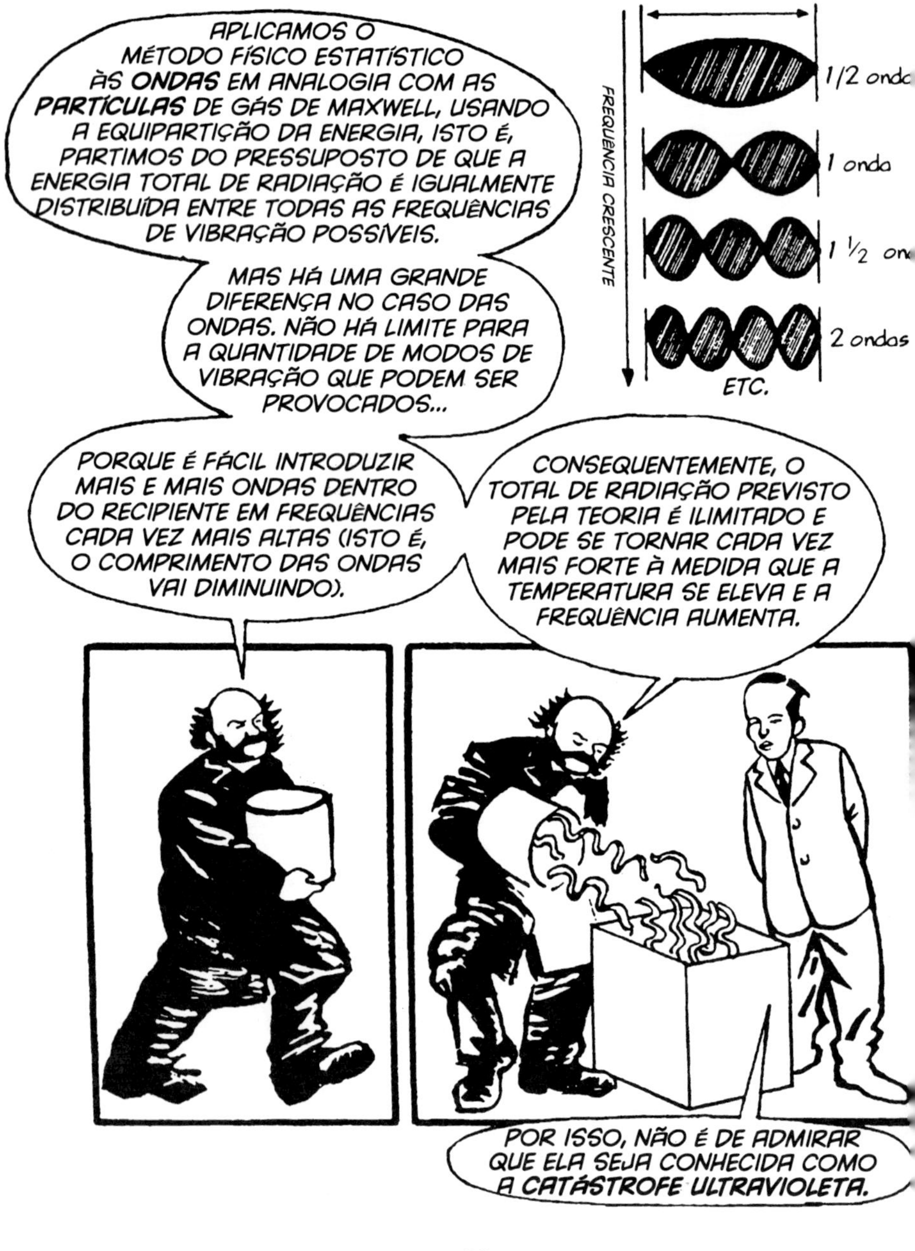

APLICAMOS O MÉTODO FÍSICO ESTATÍSTICO ÀS **ONDAS** EM ANALOGIA COM AS **PARTÍCULAS** DE GÁS DE MAXWELL, USANDO A EQUIPARTIÇÃO DA ENERGIA, ISTO É, PARTIMOS DO PRESSUPOSTO DE QUE A ENERGIA TOTAL DE RADIAÇÃO É IGUALMENTE DISTRIBUÍDA ENTRE TODAS AS FREQUÊNCIAS DE VIBRAÇÃO POSSÍVEIS.
FREQUÊNCIA CRESCENTE
1 onda
2 ondas
ETC.
MAS HÁ UMA GRANDE DIFERENÇA NO CASO DAS ONDAS. NÃO HÁ LIMITE PARA A QUANTIDADE DE MODOS DE VIBRAÇÃO QUE PODEM SER PROVOCADOS...
PORQUE É FÁCIL INTRODUZIR MAIS E MAIS ONDAS DENTRO DO RECIPIENTE EM FREQUÊNCIAS CADA VEZ MAIS ALTAS (ISTO É, O COMPRIMENTO DAS ONDAS VAI DIMINUINDO).
CONSEQUENTEMENTE, O TOTAL DE RADIAÇÃO PREVISTO PELA TEORIA É ILIMITADO E PODE SE TORNAR CADA VEZ MAIS FORTE À MEDIDA QUE A TEMPERATURA SE ELEVA E A FREQUÊNCIA AUMENTA.
POR ISSO, NÃO É DE ADMIRAR QUE ELA SEJA CONHECIDA COMO A **CATÁSTROFE ULTRAVIOLETA**.

Surge Max Planck

A história de Planck começa no departamento de física do Instituto Kaiser Wilhelm em Berlim, pouco antes da virada do século.

REPETIDAS VEZES, TIVE DE ME CONFRONTAR COM DADOS XPERIMENTAIS CONFIÁVEIS SOBRE A RADIAÃO DOS CORPOS NEGROS, FORNECIDOS PELOS EXPERIMENTOS DE MEUS PRÓPRIOS AMIGOS E QUE SIMPLESMENTE NÃO PODEM SER EXPLICADOS POR NENHUMA TEORIA RECONHECIDA.

Planck era um membro conservador da Academia Prussiana, comprometido com os métodos tradicionais da física clássica e um ardoroso defensor da termodinâmica. Efetivamente, desde sua tese de doutorado em 1879 (ano em que Einstein nasceu) até a época de seu magistério em Berlim, vinte anos depois, ele trabalhou quase exclusivamente com problemas relacionados às leis da termodinâmica. Ele acreditava que a segunda lei, relativa à entropia, era mais profunda e dizia muito mais do que o normalmente aceito.

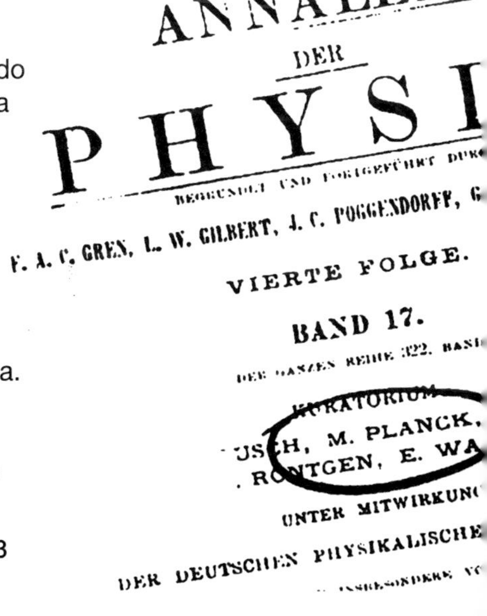
ANNALEN
DER
PHYSI
F. A. C. GREN, L. W. GILBERT, J. C. POGGENDORFF,
VIERTE FOLGE.
BAND 17.
M. PLANCK,
UNTER MITWIRKUNG
DER DEUTSCHEN PHYSIKALISCHE

Planck se sentia atraído pelos aspectos universais e absolutos do problema do corpo negro. Argumentos plausíveis demonstravam que, em equilíbrio, a curva de intensidade da radiação *versus* frequência não devia depender do tamanho ou da forma da cavidade ou dos materiais de suas paredes. A fórmula devia conter apenas a temperatura, a frequência de radiação e uma ou mais constantes universais que seriam a mesmas para todas as cavidades e cores.

Descobrir essa fórmula significaria descobrir uma relação de interesse teórico absolutamente fundamental.

ESSA LEI DA RADIAÇÃO, QUANDO FOR ENCONTRADA, SERÁ INDEPENDENTE DOS CORPOS E DAS SUBSTÂNCIAS ESPECIAIS E MANTERÁ SUA IMPORTÂNCIA EM TODOS OS TEMPOS E EM TODAS AS CULTURAS...
ATÉ MESMO PARA SERES NÃO TERRESTRES E NÃO HUMANOS.

A história provou que a intuição de Planck era mais profunda do que se imaginava. Em 1990, usando o satélite COBE, cientistas mediram a radiação de fundo na borda do universo (isto é, resquício do Big Bang) e descobriram uma forma perfeita para sua Lei da Radiação do Corpo Negro.

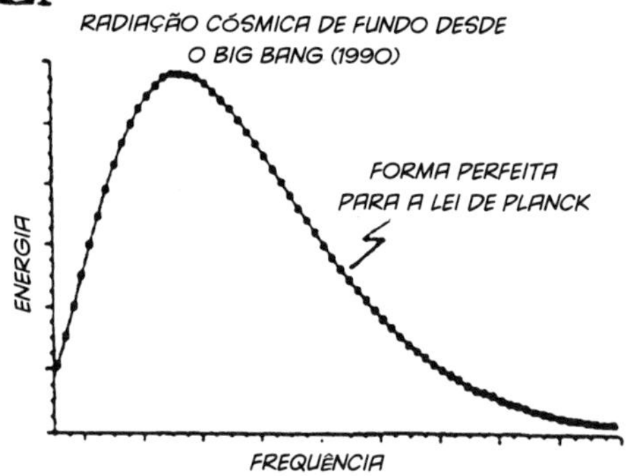
RADIAÇÃO CÓSMICA DE FUNDO DESDE O BIG BANG (1990)
FORMA PERFEITA PARA A LEI DE PLANCK
ENERGIA
FREQUÊNCIA

Modelo pré-atômico de matéria

Planck sabia que as medições feitas por seus amigos Heinrich Rubens e Ferdinand Kurlbaum eram extremamente confiáveis.

ERA IMPORTANTE QUE EU DEDICASSE O MÁXIMO DE MINHA ENERGIA AO CÁLCULO TEÓRICO DA RADIAÇÃO DE CAVIDADE.
CAVIDADE EXPERIMENTAL

OSCILADORES DE PLANCK NAS PAREDES DA CAVIDADE

QUENTE
SUPERQUENTE

Planck começou introduzindo a ideia de uma coleção de osciladores* elétricos nas paredes da cavidade, vibrando para frente e para trás por agitação térmica.

(* Nota! Nada se sabia a respeito dos átomos.)

Planck supunha que todas as frequências possíveis estariam presentes. Ele também esperava que a frequência **média** crescesse em temperaturas mais altas à medida que o aquecimento das paredes causado pelos osciladores as fizesse vibrar cada vez mais rapidamente até o equilíbrio térmico ser alcançado.

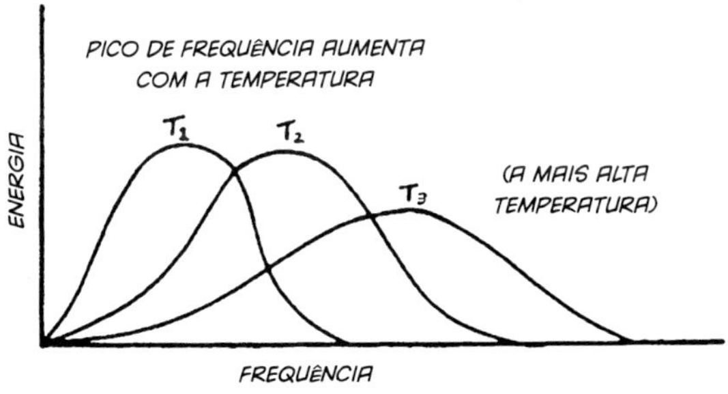
PICO DE FREQUÊNCIA AUMENTA COM A TEMPERATURA
ENERGIA
T_1
T_2
T_3
(A MAIS ALTA TEMPERATURA)
FREQUÊNCIA

A teoria eletromagnética poderia dizer tudo acerca da emissão, da absorção e da propagação da radiação, mas absolutamente nada acerca da distribuição da energia em equilíbrio. Esse era um problema termodinâmico.

Planck levantou algumas hipóteses, relacionando a energia média dos osciladores à sua entropia, obtendo com isso uma fórmula para a intensidade da radiação que ele esperava que estivesse de acordo com os resultados experimentais.

INICIALMENTE, EU QUERIA APENAS ENCONTRAR UMA PROVA PARA A FÓRMULA DERIVADA POR MEU AMIGO WIEN, QUE TODOS PENSAVAM ESTAR CORRETA.
CONTUDO, MEDIÇÕES MAIS RECENTES COMEÇARAM A LANÇAR DÚVIDAS SOBRE A EQUAÇÃO DE WIEN NA REGIÃO DO **INFRAVERMELHO** OU **DE BAIXA FREQUÊNCIA.**

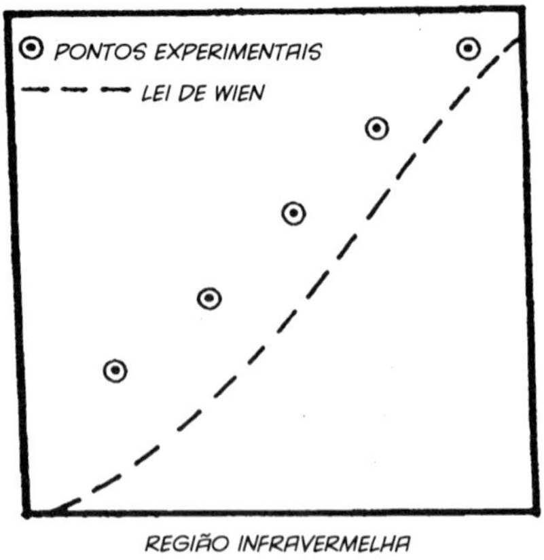
PONTOS EXPERIMENTAIS
LEI DE WIEN
REGIÃO INFRAVERMELHA

Planck tentou alterar sua expressão para a entropia da radiação generalizando-a e, por fim, chegou a uma nova fórmula para a intensidade de radiação em todo o espectro de frequência.

FUNCIONA!
ELA CONFIRMA EXATAMENTE OS DADOS EXPERIMENTAIS. APRESENTAREI A FÓRMULA DURANTE O **SEMINÁRIO DE FÍSICA DA UNIVERSIDADE DE BERLIM** EM 19 DE OUTUBRO DE 1900.
APESAR DE EU NÃO SABER O QUE ISSO SIGNIFICA.
ENERGIA
FREQUÊNCIA
$E = \frac{C_1 f^5}{\exp(-C_2 f/T) - 1}$
EXPONENTE NATURAL
TEMPERATURA

As constantes $\mathbf{C_1}$ e $\mathbf{C_2}$ são números escolhidos por Planck para encaixar a equação nos experimentos.

Entre os presentes no histórico seminário, estava Heinrich Rubens. Ele foi imediatamente para casa a fim de comparar suas medições com a fórmula de Planck. Depois de trabalhar durante toda a noite, descobriu um perfeito acordo, que contou a Planck logo na manhã seguinte.

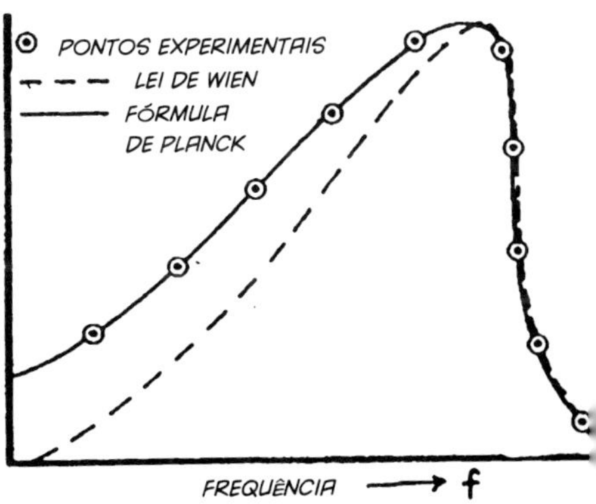
PONTOS EXPERIMENTAIS
LEI DE WIEN
FÓRMULA DE PLANCK
FREQUÊNCIA → f

Planck descobrira a fórmula certa da lei da radiação. Perfeito. Mas, a partir de então, ele poderia usar a fórmula para descobrir a física por trás disso?

Impasse de Planck

... DESDE O DIA EM QUE FORMULEI A LEI DA RADIAÇÃO, PASSEI A ME DEDICAR À INVESTIGAÇÃO DE SEU VERDADEIRO SIGNIFICADO FÍSICO.
DEPOIS DE TENTAR TODAS AS ABORDAGENS POSSÍVEIS, USANDO AS TRADICIONAIS APLICAÇÕES CLÁSSICAS DAS LEIS DA TERMODINÂMICA, ENTREI EM DESESPERO.
VAMOS LÁ, MAX! NÃO SEJA TÃO TEIMOSO, ISSO MERECE UMA TENTATIVA.
FUI FORÇADO A CONSIDERAR A RELAÇÃO ENTRE ENTROPIA E PROBABILIDADE SEGUNDO AS IDEIAS DE **BOLTZMANN.** DEPOIS DAS SEMANAS MAIS INTENSAS DA MINHA VIDA, A LUZ COMEÇOU A BRILHAR PARA MIM...

Planck achava que a versão estatística de Boltzmann para a Segunda Lei, baseada em probabilidades, era apenas uma alternativa. Mas ele rejeitava a hipótese por trás da abordagem de Boltzmann, que permitira que a Segunda Lei fosse momentaneamente violada em meio a flutuações.

A luz era

$$S = k \log W$$

(A versão de Boltzmann da Segunda Lei da Termodinâmica)

Em nenhum dos cerca de quarenta artigos que escreveu antes de 1900, Planck usara, ou pelo menos citara, a formulação estatística de Boltzmann para a Segunda Lei!

Picando a energia

Então, Planck aplicou três das ideias de Boltzmann acerca da entropia.
A equação estatística para **calcular** a entropia.
A condição de que a entropia deve estar no máximo em equilíbrio (isto é, totalmente desordenada).
A técnica de contagem para determinar a probabilidade **W** na equação de entropia.
Para calcular a probabilidade de vários arranjos possíveis, Planck aplicou o método de Boltzmann de dividir a energia dos osciladores em pedaços arbitrariamente pequenos, mas **finitos**. Desse modo, a energia total era registrada como **E = N x e**, sendo **N** um número inteiro e **e** uma quantidade arbitrariamente pequena de energia; e, consequentemente, podia se tornar infinitesimalmente pequena, à medida que os pedaços se tornavam infinitos em número, de acordo com o procedimento matemático.

hf1
VI QUE EU TINHA DE ESCOLHER UNIDADES DE ENERGIA PROPORCIONAIS ÀS FREQUÊNCIAS DO OSCILADOR, OU SEJA, E = h x f, EM VISTA DE OBTER A FORMA CORRETA PARA A ENERGIA TOTAL. f É A FREQUÊNCIA E h É UMA CONSTANTE QUE PODERIA, POR FIM, CHEGAR A ZERO.
hf2

Um quantum de energia

FOI QUANDO ALGO NOTÁVEL ACONTECEU. SE EU DEIXASSE OS PEDAÇOS DE ENERGIA CHEGAREM A ZERO, COMO O PROCEDIMENTO REQUERIA, A VALIDADE GERAL DA EQUAÇÃO DERIVADA ERA DESTRUÍDA. CONTUDO...
PERCEBI QUE SE **NÃO** FOSSE PRECISO QUE A ENERGIA, OU ***h***, CHEGASSE A ZERO, EU OBTERIA **MINHA PRÓPRIA FÓRMULA DE RADIAÇÃO EXATA...** QUE, EU SABIA, **ESTAVA CERTA.**
hf3

Eureca! Planck tinha topado com um método matemático que, no mínimo, dava alguma base teórica para sua lei experimental da radiação. **Isso, porém, se a energia fosse descontínua.**

Embora não tivesse a menor razão para propor uma noção dessas, ele a aceitou provisoriamente, diante do fato de que não dispunha de nada melhor que isso. Ele fora forçado a postular que a fórmula e = **h** x **f** deve ser uma soma finita, sendo que **h** não é zero.

Portanto, se isso estiver correto, devemos concluir que não é possível um oscilador absorver e emitir energia numa extensão contínua. Ele tem de ganhar e perder energia descontinuamente, em unidades indivisíveis mínimas de e = **h** x **f**, as quais Planck chamou de “quantas de energia”.

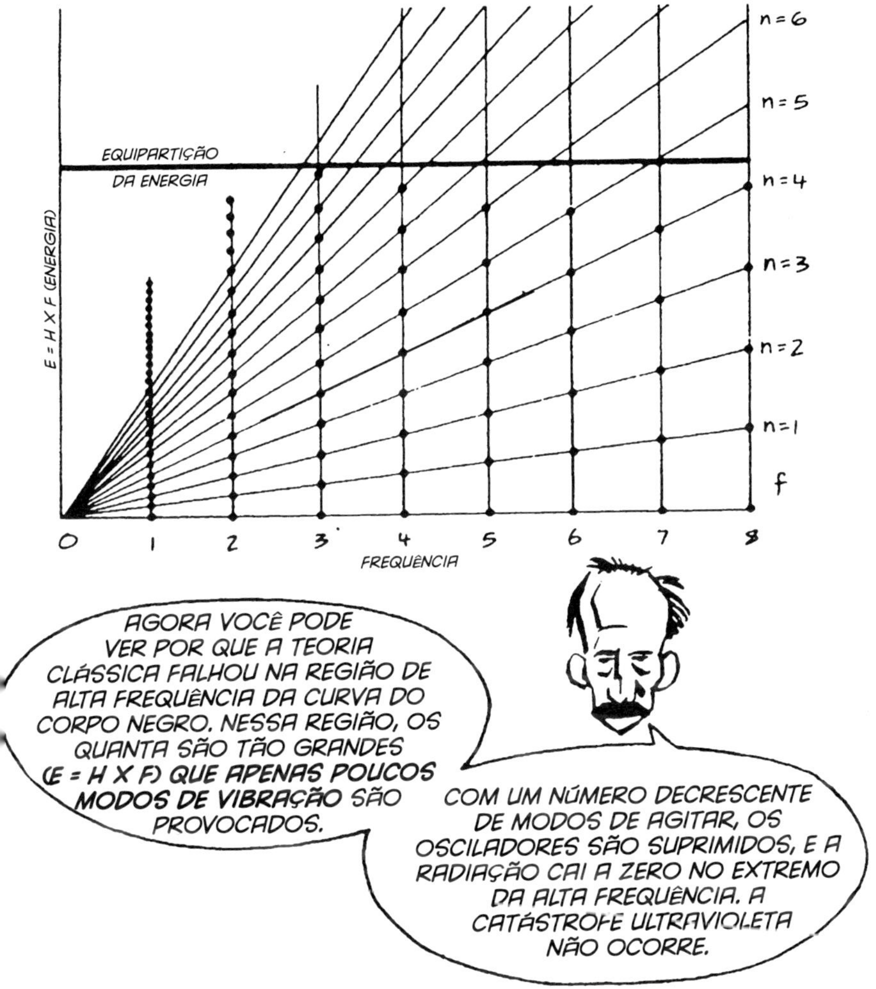

n=6
n=5
EQUIPARTIÇÃO DA ENERGIA
n=4
n=3
n=2
n=1
f
E = H X F (ENERGIA)
0 1 2 3 4 5 6 7 8
FREQUÊNCIA
AGORA VOCÊ PODE VER POR QUE A TEORIA CLÁSSICA FALHOU NA REGIÃO DE ALTA FREQUÊNCIA DA CURVA DO CORPO NEGRO. NESSA REGIÃO, OS QUANTA SÃO TÃO GRANDES (E = H X F) QUE APENAS POUCOS MODOS DE VIBRAÇÃO SÃO PROVOCADOS.
COM UM NÚMERO DECRESCENTE DE MODOS DE AGITAR, OS OSCILADORES SÃO SUPRIMIDOS, E A RADIAÇÃO CAI A ZERO NO EXTREMO DA ALTA FREQUÊNCIA. A CATÁSTROFE ULTRAVIOLETA NÃO OCORRE.

A relação de quanta de Planck inibe, então, a equipartição de energia, e nem todos os modos têm a mesma energia total. Essa é a razão pela qual não sofremos nenhuma queimadura por ficar expostos a uma xícara de café (pense nisso!).

A abordagem clássica de Rayleigh-Jeans se aplica perfeitamente em baixas frequências, em que **todos** os modos vibracionais disponíveis podem ser provocados. Em altas frequências, apesar de muitos modos de vibração serem **possíveis** (lembre que é mais fácil encher uma caixa com ondas **curtas**), poucos deles são agitados porque muita energia se faz necessária para produzir um quantum em alta frequência, visto que **e** = **h** x **f**.

Durante sua caminhada matinal do dia 14 de dezembro de 1900, Planck disse a seu filho que talvez ele, Planck, estivesse produzindo uma obra tão importante quanto a de Newton. Mais tarde, nesse mesmo dia, ele apresentou seus resultados à Sociedade de Física de Berlim, assinalando o nascimento da física quântica.

Foram necessários menos de dois meses para encontrar uma explicação para sua própria fórmula de radiação do corpo negro. Ironicamente, a descoberta foi acidental, provocada por um procedimento matemático incompleto. **Um início indigno para uma das maiores revoluções da histórica da física!**

Desse começo, resultaria um entendimento dos motivos pelos quais as regras estatísticas devem ser usadas para os átomos: eles não brilham o tempo todo e os elétricos não formam espirais em torno do núcleo.

No início de 1901, a constante **h** — hoje chamada de constante de Planck — foi publicada pela primeira vez. O número é pequeno —

h = 0,000 000 000 000 000 000 000 000 006 626

— mas não é zero! Se fosse zero, jamais teríamos condições de nos sentar diante de uma lareira. De fato, todo o universo seria diferente. *Sejamos gratos pelas pequenas coisas da vida.*

Surpreendentemente, apesar dos aspectos importantes e revolucionários da fórmula do corpo negro, ela não chamou muita atenção nos primeiros anos do século XX. Maior surpresa é ver que o próprio Planck não estava lá muito convencido de sua validade.

EU DUVIDAVA TANTO DA UNIVERSALIDADE DA LEI DA ENTROPIA DE BOLTZMANN QUE GASTEI ANOS TENTANDO EXPLICAR MEUS RESULTADOS DE UMA MANEIRA MENOS REVOLUCIONÁRIA.
APESAR DISSO, A TEORIA QUÂNTICA NASCEU.

Agora, passemos ao segundo experimento que não poderia ser explicado pela física clássica. Ele é mais simples, mesmo que tenha inspirado uma explicação mais profunda.

O efeito fotoelétrico

Enquanto Max Planck se debatia com o problema do corpo negro, outro físico alemão, **Philipp Lenard** (1862-1947) direcionava feixes de *raios catódicos* (que logo depois viriam a ser identificados como elétrons) para lâminas delgadas de metal.

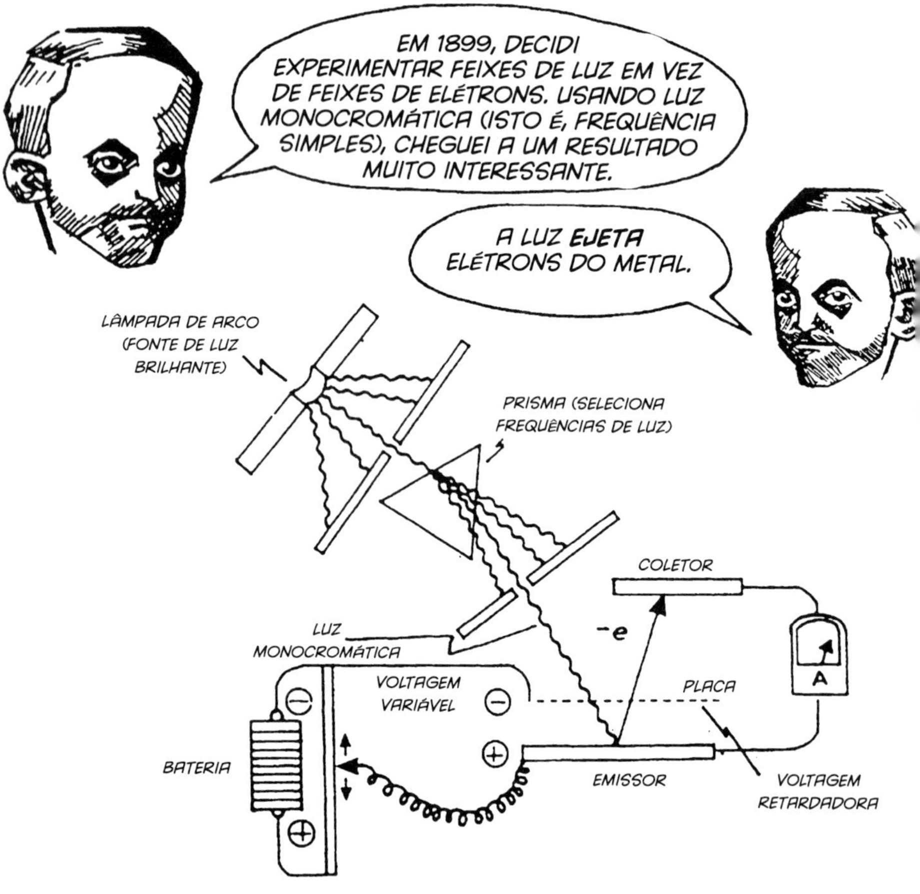
EM 1899, DECIDI EXPERIMENTAR FEIXES DE LUZ EM VEZ DE FEIXES DE ELÉTRONS. USANDO LUZ MONOCROMÁTICA (ISTO É, FREQUÊNCIA SIMPLES), CHEGUEI A UM RESULTADO MUITO INTERESSANTE.
A LUZ **EJETA** ELÉTRONS DO METAL.
LÂMPADA DE ARCO (FONTE DE LUZ BRILHANTE)
PRISMA (SELECIONA FREQUÊNCIAS DE LUZ)
COLETOR
A
-e
LUZ MONOCROMÁTICA
VOLTAGEM VARIÁVEL
PLACA
BATERIA
EMISSOR
VOLTAGEM RETARDADORA

Embora esse efeito tenha sido detectado por Heinrich Hertz dez anos antes, Lenard estava em condições de medir algumas propriedades desses *fotoelétrons* com um simples circuito elétrico.

Os elétrons ejetados são produzidos pela iluminação da placa de metal chamada de *emissor* e recebidos em outra placa, chamada de *coletor*. A corrente fotoelétrica total é medida pelo dispositivo medidor de corrente marcado como A. O potencial elétrico, ou *voltagem*, entre emissor e coletor pode variar e exercer forte efeito na corrente medida.

A corrente diminui rapidamente quando uma voltagem **retardadora** é aplicada, negativando o eletrodo coletor com relação ao emissor. (Elétrons apresentam carga negativa e são repelidos por uma voltagem negativa.) Em um valor definido da voltagem retardadora, marcado como $\mathbf{V_0}$ no diagrama abaixo, a corrente fotoelétrica desaparece completamente.

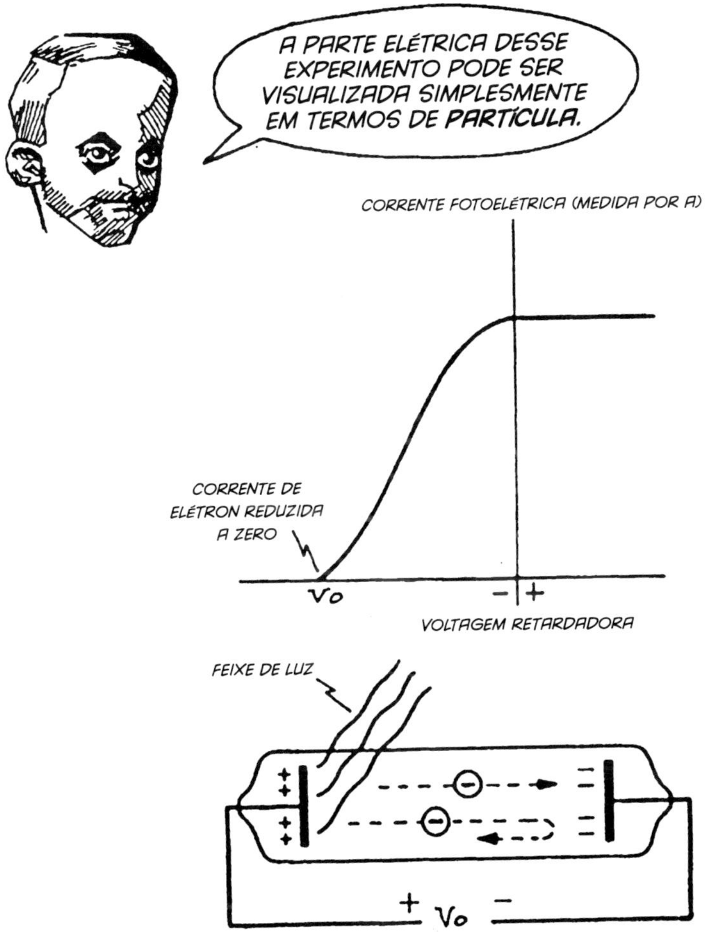

Elétrons ejetados deixam a placa-alvo com determinada energia cinética e perdem continuamente essa energia na medida em que viajam no sentido contrário da voltagem retardadora negativa entre as placas emissora e coletora.

Os elétrons que são coletados e contribuem para a corrente medida precisam ter tido (quando inicialmente emitidos) pelo menos energia maior que **q** x $\mathbf{V_0}$ (**q** é a carga do elétron). Essa é a bem conhecida relação da energia de um elétron sob a ação de uma voltagem.

Uma interpretação clássica

Uma interpretação direta concluiria que os elétrons emitidos devem adquirir sua energia cinética do **feixe de luz** que brilha na superfície metálica.

O ponto de vista clássico pressuporia que as ondas de luz batem na superfície metálica como as ondas do oceano e que os elétrons se agitam como seixos na praia. Claramente, uma **iluminação mais intensa** (ou seja, mais brilhante) liberaria **mais energia para os elétrons.**

NÃO FOI ISSO O QUE EU CONCLUÍ. EM 1902, DESCOBRI QUE AS ENERGIAS DOS ELÉTRONS – TAIS COMO MEDIDAS PELOS POTENCIAIS RETARDADORES – ERAM COMPLETAMENTE INDEPENDENTES DA INTENSIDADE DA LUZ.

Experimentos posteriores mostraram outro efeito inexplicável. Havia certa frequência **limiar** abaixo da qual os **fotoelétrons** não eram ejetados, por mais brilhante que fosse o feixe de luz. Algo indubitavelmente estranho. Um grande problema para os sujeitos clássicos.

Entra em cena Albert Einstein

Dessa vez, não foi um professor universitário respeitado e bem estabelecido que resolveu o problema, mas um jovem escriturário do Escritório Suíço de Patentes em Berna.

Em 1905, com apenas 26 anos, Einstein publicou três artigos no mesmo volume dos Annalen der Physik.

PRÊMIO NOBEL
TRATAVA-SE DO ARTIGO SOBRE O **QUANTUM DE LUZ**, QUE ESTAMOS DISCUTINDO AGORA; UM SEGUNDO ARTIGO SEMINAL QUE PROVOU A **EXISTÊNCIA DE ÁTOMOS**; E UM TERCEIRO QUE INTRODUZIA A **RELATIVIDADE**, RESOLVENDO SÉRIOS PROBLEMAS NOS CAMPOS DA ELETRODINÂMICA E DO MOVIMENTO.

Einstein tinha familiaridade com os enigmas experimentais do experimento fotoelétrico e conhecia o trabalho de Planck e sua lei da radiação. No entanto, sua abordagem era totalmente pessoal, baseada em uma abordagem própria da estatística da física e da expressão de Boltzmann para a entropia de uma coleção de partículas.

Um pequeno apartamento em Kramergasse 49, Berna

Einstein com sua mulher, Mileva (uma engenheira formada), e seu filhinho, Hans Albert…

MILEVA, AMORZINHO, QUERO MOSTRAR PARA VOCÊ MEU MAIS RECENTE CÁLCULO. ACHO QUE ELE PODE SER BASTANTE PROFUNDO. ANTES DE TUDO, VOCÊ DEVE SE RECORDAR DA IMPORTANTE LEI DE BOLTZMANN PARA A ENTROPIA DE UM SISTEMA DE PARTÍCULAS EM TERMOS DE SUA PROBABILIDADE, S = K LOG W...
S = k Log W ...
CLARO QUE SIM! A EQUAÇÃO QUE PLANCK DETESTAVA, MAS TEVE DE USAR NO PROBLEMA DO CORPO NEGRO.

frequência
constante (beta)
$E = \alpha f^3 \exp(-\beta f/T)$
constante (alfa)
temperatura
VOCÊ TAMBÉM SE LEMBRA DA FÓRMULA DE RADIAÇÃO DE WILHELM WIEN, COLEGA DE PLANCK EM BERLIM? AQUELA QUE TODOS CONCORDAVAM QUE ELA ERA VÁLIDA PARA A PARTE DE ALTA FREQUÊNCIA DA CURVA DO CORPO NEGRO...
SIM, LEMBRO. DE FATO, A FÓRMULA DE RADIAÇÃO DE PLANCK NÃO FOI REDUZIDA À FÓRMULA DE WIEN PARA ALTAS FREQUÊNCIAS?

MUITO BEM, MILEVA!
MAS EU NÃO QUERO USAR A FÓRMULA TEÓRICA DE PLANCK.
PREFIRO BASEAR MEU TRABALHO NA LEI EMPÍRICA DE WIEN, QUE SABEMOS FUNCIONAR PERFEITAMENTE PARA EXPERIMENTOS DE ALTA FREQUÊNCIA. ESTOU USANDO UM MÉTODO FENOMENOLÓGICO, EM VEZ DE UM ESTRITAMENTE TEÓRICO.

SUBVOLUME DE PARTÍCULAS
SUBVOLUME DE ONDAS
USEI O MÉTODO DE FLUTUAÇÕES QUE EU VINHA DESENVOLVENDO PARA CALCULAR A MUDANÇA NA ENTROPIA SE UM SISTEMA FOSSE SUBITAMENTE COMPRIMIDO NUM SUBVOLUME MENOR QUE SEU VOLUME TOTAL.
USANDO A FÓRMULA DE WIEN, CHEGUEI À CONCLUSÃO DE QUE É MUITO SIMPLES CALCULAR A **DIMINUIÇÃO DA ENTROPIA** DE UMA RADIAÇÃO MONOCROMÁTICA (ISTO É, FREQUÊNCIA SIMPLES) COMPRIMIDA NUM PEQUENO SUBVOLUME. VEJA, QUERIDA, ISSO É MUITO SEMELHANTE À **DIMINUIÇÃO DA ENTROPIA** QUE ACOMPANHA UMA CONTRAÇÃO DO VOLUME DAS **PARTÍCULAS** DE UM GÁS IDEAL.

MAS, MILEVA, MINHA QUERIDA, NÃO PRESSUPUS NADA SOBRE A ESTRUTURA DAS PARTÍCULAS OU SOBRE A LEI DE MOVIMENTO. USEI APENAS A FÓRMULA DA ENTROPIA, **S = K LOG W**, EXTRAÍDA DA FÓRMULA DE BOLTZMANN PARA A **SEGUNDA LEI.** O RESULTADO PARA A RADIAÇÃO É MUITO SEMELHANTE AO DA COMPRESSÃO DE GÁS, DE MODO QUE POSSO COMPARAR OS DOIS EXPOENTES E CHEGAR A UMA RESPOSTA SIMPLES...
$E = nk\beta f$
SENDO ASSIM, MINHA HIPÓTESE É A SEGUINTE... DENTRO DA VALIDADE DA LEI DE WIEN (OU SEJA, ALTA FREQUÊNCIA), A RADIAÇÃO SE COMPORTA TERMODINAMICAMENTE, COMO SE CONSISTISSE DA QUANTA DE ENERGIA DE MAGNITUDE $k\beta F$... EM OUTRAS PALAVRAS, COMO PARTÍCULAS DE LUZ.

SÓ MAIS UMA COISA, ALBERT. VEJO QUE VOCÊ MANTÉM A CONSTANTE β EXTRAÍDA DA LEI DE WIEN EM SUA HIPÓTESE. MAS PLANCK JÁ NÃO TINHA DEMONSTRADO QUE β PODE SER ESCRITA COMO UMA RAZÃO DE SUA PRÓPRIA CONSTANTE h E DA CONSTANTE k, DE BOLTZMANN?
SIM. MAS EU NÃO QUIS INCLUIR NENHUMA DAS CONCLUSÕES DA LEI DA RADIAÇÃO DE PLANCK EM MEU ARTIGO PORQUE NÃO ESTOU SEGURO DE SEUS RESULTADOS. ESTOU SUGERINDO A QUANTIZAÇÃO DE TODA RADIAÇÃO DE LUZ.
PLANCK SIMPLESMENTE ESTUDOU OSCILADORES NAS PAREDES DE UMA CAVIDADE.
MAS O QUE ACONTECE SE VOCÊ ELIMINAR A CONSTANTE β DE WIEN?
BEM...
β = h / k
E = nhf

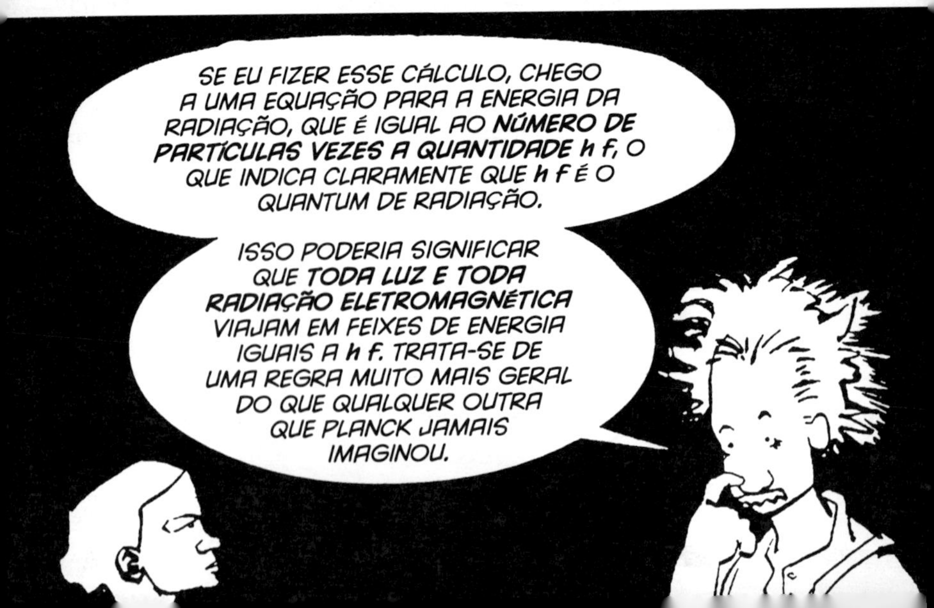
SE EU FIZER ESSE CÁLCULO, CHEGO A UMA EQUAÇÃO PARA A ENERGIA DA RADIAÇÃO, QUE É IGUAL AO NÚMERO DE PARTÍCULAS VEZES A QUANTIDADE h f, O QUE INDICA CLARAMENTE QUE h f É O QUANTUM DE RADIAÇÃO.
ISSO PODERIA SIGNIFICAR QUE TODA LUZ E TODA RADIAÇÃO ELETROMAGNÉTICA VIAJAM EM FEIXES DE ENERGIA IGUAIS A h f. TRATA-SE DE UMA REGRA MUITO MAIS GERAL DO QUE QUALQUER OUTRA QUE PLANCK JAMAIS IMAGINOU.

VOCÊ ACHA QUE OS ANNALEN DER PHYSIK PUBLICARIAM ESSE ARTIGO? ELE NÃO PROVA NADA DEFINITIVAMENTE, MAS ACHO QUE PODE SER ÚTIL PARA ESTIMULAR TRABALHOS FUTUROS.
POR QUE VOCÊ NÃO USA A PALAVRA **HEURÍSTICO** NO TÍTULO DE SEU ARTIGO? ELE NÃO SIGNIFICA **UMA SOLUÇÃO RIGOROSA**, SIMPLESMENTE APONTA PARA DESENVOLVIMENTOS POSTERIORES.
DESSE MODO, VOCÊ PODE PUBLICAR O ARTIGO DANDO A ENTENDER QUE NÃO O ESTÁ LEVANDO TOTALMENTE A SÉRIO, APENAS APRESENTANDO-O PARA INVESTIGAÇÕES SUBSEQUENTES.
BOA IDEIA, QUERIDA. FICO TÃO FELIZ QUANDO VOCÊ ME AJUDA COM MEU TRABALHO. VEJAMOS... O QUE ACHA DESSE TÍTULO?
SOBRE UM PONTO DE VISTA HEURÍSTICO A RESPEITO DA PRODUÇÃO E TRANSFORMAÇÃO DA LUZ.
ACHO ÓTIMO!

que a radiação iluminadora é entendida como um conjunto de partículas ou de fótons. Se os fótons podem transferir sua energia aos elétrons no alvo de metal, uma descrição simples e completa é possível. Vejamos como isso funciona...

SE ALGUÉM PRESSUPÕE QUE A LUZ INCIDENTE CONSISTE EM QUANTA DE ENERGIA (FÓTONS) DE MAGNITUDE *h* x *f*, PODE-SE CONCEBER A EJEÇÃO DE ELÉTRONS PELA LUZ COMO SEGUE: OS QUANTA DE ENERGIA PENETRAM NA CAMADA DA SUPERFÍCIE DE METAL DO ELETRODO-ALVO. SUA ENERGIA É TRANSFERIDA, PELO MENOS EM PARTE, PARA A ENERGIA CINÉTICA DOS ELÉTRONS, E ALGUNS SÃO REJEITADOS.

O modo mais simples de imaginar isso é pressupor que um quantum de luz libera toda a sua energia — **h x f** — para o elétron, que, então, perde algo de sua energia no momento em que alcança a superfície.

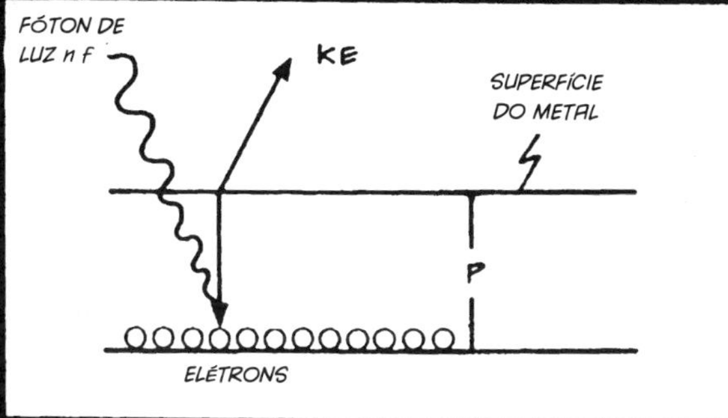
FÓTON DE
LUZ h f
KE
SUPERFÍCIE
DO METAL
P
ELÉTRONS

Antes de ser ejetado, cada elétron deve desempenhar uma quantidade de trabalho — **P** — característico do metal a fim de poder sair para o espaço livre. Os elétrons que deixarão o metal com a **maior** velocidade serão os localizados perto da superfície, logo, terão um trabalho mínimo para serem liberados. A energia cinética dos elétrons é dada por...

ENERGIA CINÉTICA = h x f (ENERGIA DO FÓTON ENTRANTE) MENOS P (ESFORÇO PARA SAIR DO METAL).
$qV_0 = hf - P$,
EM QUE Q DENOTA A CARGA DE ELÉTRON.

Se a chapa deve ser carregada com uma voltagem $\mathbf{V_0}$ para compensar a energia cinética e reduzir a corrente elétron a zero (detendo até mesmo os elétrons mais energéticos ejetados), segue-se que

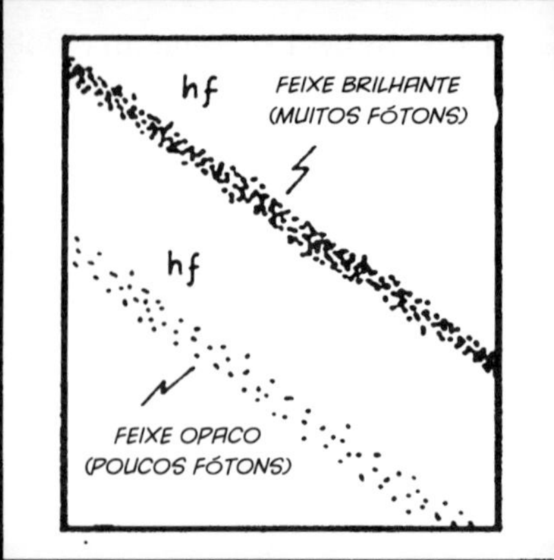

Assim, Einstein derivou uma equação muito simples para os fotoelétrons, que poderia ser testada em laboratório. Além disso, visto que cada interação leva à mesma transferência de energia de fotoelétron, a observação de que as energias do elétron não respondem a mudanças na intensidade de luz era explicada de maneira muito simples. A intensidade afeta o número de fótons, logo, a magnitude da corrente do elétron, sem afetar a voltagem de saída $\mathbf{V_o}$, que é determinada pela frequência.

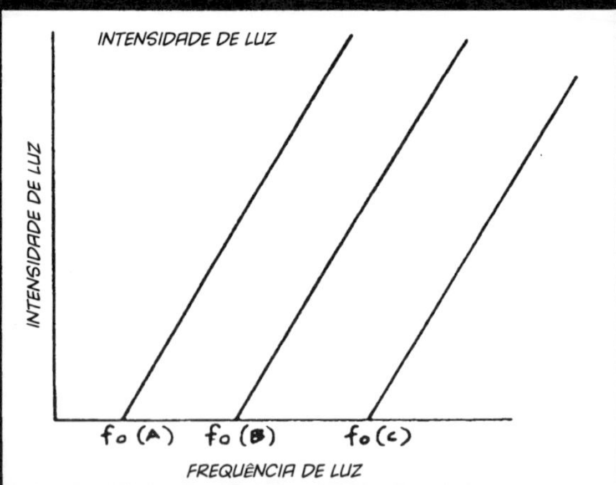

Isso é claramente uma consequência desses argumentos e dessas equações simples, segundo os quais o potencial máximo retardador $\mathbf{V_o}$ é uma função linear da frequência da luz incidente. Desse modo, de maneira permanente, se a relação linear (linha reta) pudesse ser testada, isso seria um teste crucial para o conceito einsteiniano de **fóton**. Os experimentos devem medir $\mathbf{V_o}$ (a voltagem de saída) para várias e diversas frequências de luz e esboçar um gráfico para testar a linearidade.

Millikan: um físico clássico perspicaz

Entre os anos de 1912 e 1917, **Robert A. Millikan** (1868-1953), que trabalhava nos Laboratórios Ryerson da Universidade de Chicago, submeteu a equação de Einstein ao teste de linearidade. Ele usou vários tipos de metal, incluindo sódio altamente reativo, como alvos e os iluminou com luzes de várias frequências.

Sua técnica era impecável, chegando até mesmo a quebrar em vácuo a superfície dos metais para evitar camadas oxidadas que pudessem afetar os resultados. Ele **sempre obtinha resultados lineares**... mas, não obstante, permanecia muito desapontado.

REPETIDAMENTE, A RELAÇÃO V_0 VERSUS *f* (FREQUÊNCIA) DEMONSTRAVA-SE COMO LINEAR, TAL COMO O REQUERIA EINSTEIN. NÃO POSSO ACREDITAR NISSO!
GASTEI 10 ANOS DE MINHA VIDA TENTANDO **REFUTAR** A EXPLICAÇÃO DO EFEITO FOTOELÉTRICO DE EINSTEIN, QUE EU CONSIDERAVA COMO UM ATAQUE À TEORIA CLÁSSICA DA LUZ COMO ONDA.

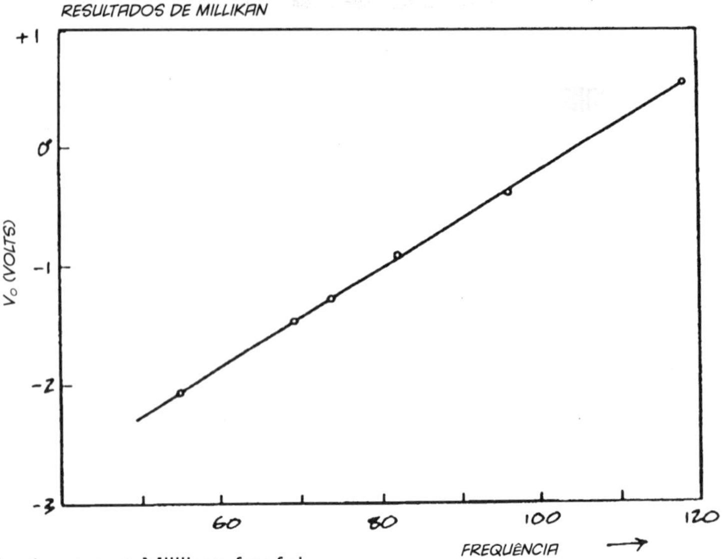
RESULTADOS DE MILLIKAN
+1
0
-1
-2
-3
V_0 (VOLTS)
60
80
100
120
FREQUÊNCIA

No entanto, o que Millikan fez foi reforçar a explicação de Einstein ao obter dados notavelmente precisos em uma linearidade quase perfeita. Por fim, esse estudo rendeu a ele um prêmio Nobel.

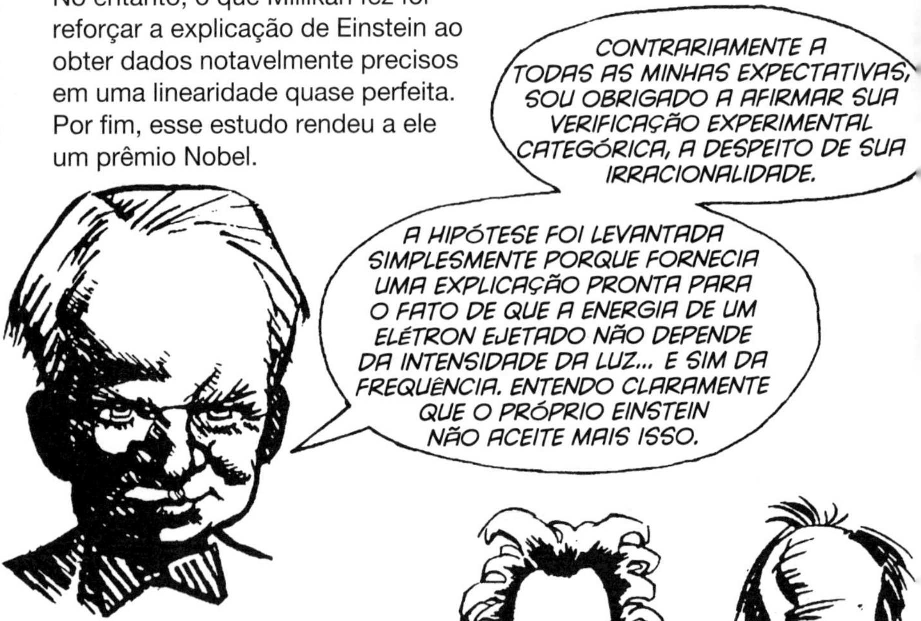
CONTRARIAMENTE A TODAS AS MINHAS EXPECTATIVAS, SOU OBRIGADO A AFIRMAR SUA VERIFICAÇÃO EXPERIMENTAL CATEGÓRICA, A DESPEITO DE SUA IRRACIONALIDADE.
A HIPÓTESE FOI LEVANTADA SIMPLESMENTE PORQUE FORNECIA UMA EXPLICAÇÃO PRONTA PARA O FATO DE QUE A ENERGIA DE UM ELÉTRON EJETADO NÃO DEPENDE DA INTENSIDADE DA LUZ... E SIM DA FREQUÊNCIA. ENTENDO CLARAMENTE QUE O PRÓPRIO EINSTEIN NÃO ACEITE MAIS ISSO.

Tais sentimentos eram característicos dos físicos da segunda década do século XX. Claramente, a predição da radiação quantizada **não** era uma grande vitória para Planck e Einstein.

DE FATO, DURANTE ESSE PERÍODO, NOSSO TRABALHO ERA COMPLETAMENTE IGNORADO.

No início do século XX, foram feitas descobertas ainda mais sensacionais, no campo da radioatividade, por Becquerel e os Curies na França, tanto quanto os milagrosos Raios-X demonstrados por Röntgen na Alemanha. Isso desviou a atenção dos físicos dos problemas da radiação da luz.

Becquerel
Curie

Nesse meio tempo, Planck rejeitou não apenas a pesquisa de Einstein como seu próprio trabalho revolucionário sobre os quanta de luz. Contudo, ele continuava impressionado com a pesquisa de Einstein sobre a relatividade e escreveu à Academia Prusssiana em apoio à candidatura desse. Mas achava que era necessário pedir desculpas pela história dos fótons...

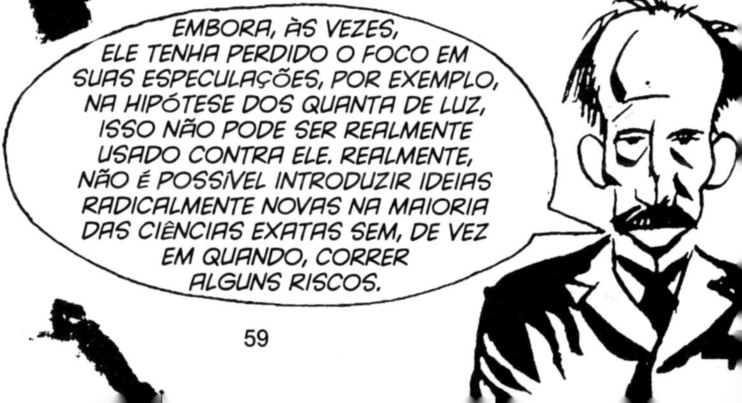
EMBORA, ÀS VEZES, ELE TENHA PERDIDO O FOCO EM SUAS ESPECULAÇÕES, POR EXEMPLO, NA HIPÓTESE DOS QUANTA DE LUZ, ISSO NÃO PODE SER REALMENTE USADO CONTRA ELE. REALMENTE, NÃO É POSSÍVEL INTRODUZIR IDEIAS RADICALMENTE NOVAS NA MAIORIA DAS CIÊNCIAS EXATAS SEM, DE VEZ EM QUANDO, CORRER ALGUNS RISCOS.

Espectros de linhas brilhantes de luz

Agora estamos prontos para o terceiro experimento que não poderia ser explicado pela física clássica: os espectros de linhas brilhantes de luz. Recordemos a lista...

Radiação do corpo negro (explicada por Planck)
O efeito fotoelétrico (explicado por Einstein)
Espectros de linhas brilhantes de luz (a ser explicado por Bohr)

Durante 150 anos, observações precisas da emissão de luz a partir de gases vinham sendo acumuladas nos laboratórios de física da Europa. Muitos acreditavam que eles dominavam os segredos do átomo. Mas como decifrar o vasto estoque de informação para criar ordem a partir do caos? O desafio era esse. Os relatos começaram remotamente, desde 1752, quando o físico escocês Thomas Melvill dispôs recipientes de gases diferentes sobre uma chama e estudou a luz incandescente que era emitida.

DEPOIS DE COLOCAR ENTRE MEU OLHO E A CHAMA UMA CARTOLINA NA QUAL HAVIA UM BURACO REDONDO... EXAMINEI A CONSTITUIÇÃO DESSAS DIFERENTES LUZES COM UM PRISMA.

Melvill fez uma descoberta absolutamente notável. Ele descobriu que, ao passar por um prisma, o spectrum de luz de um gás aquecido era completamente diferente do muito conhecido espectro semelhante a um arco-íris de um sólido incandescente.

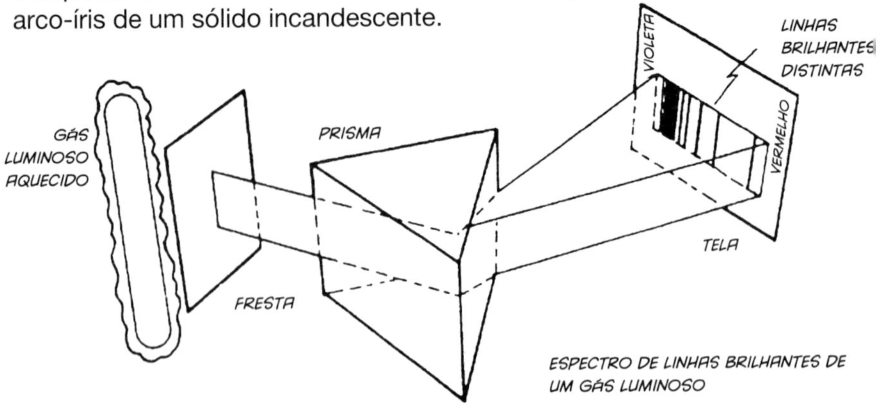
GÁS LUMINOSO AQUECIDO
PRISMA
FRESTA
VIOLETA
VERMELHO
LINHAS BRILHANTES DISTINTAS
TELA
ESPECTRO DE LINHAS BRILHANTES DE UM GÁS LUMINOSO

Espectros de emissão

Quando examinado através de uma fresta estreita, o espectro de luz de um gás aquecido consiste em linhas brilhantes distintas, cada uma com a cor da parte do espectro na qual está localizada. Gases diferentes apresentam padrões diferentes.

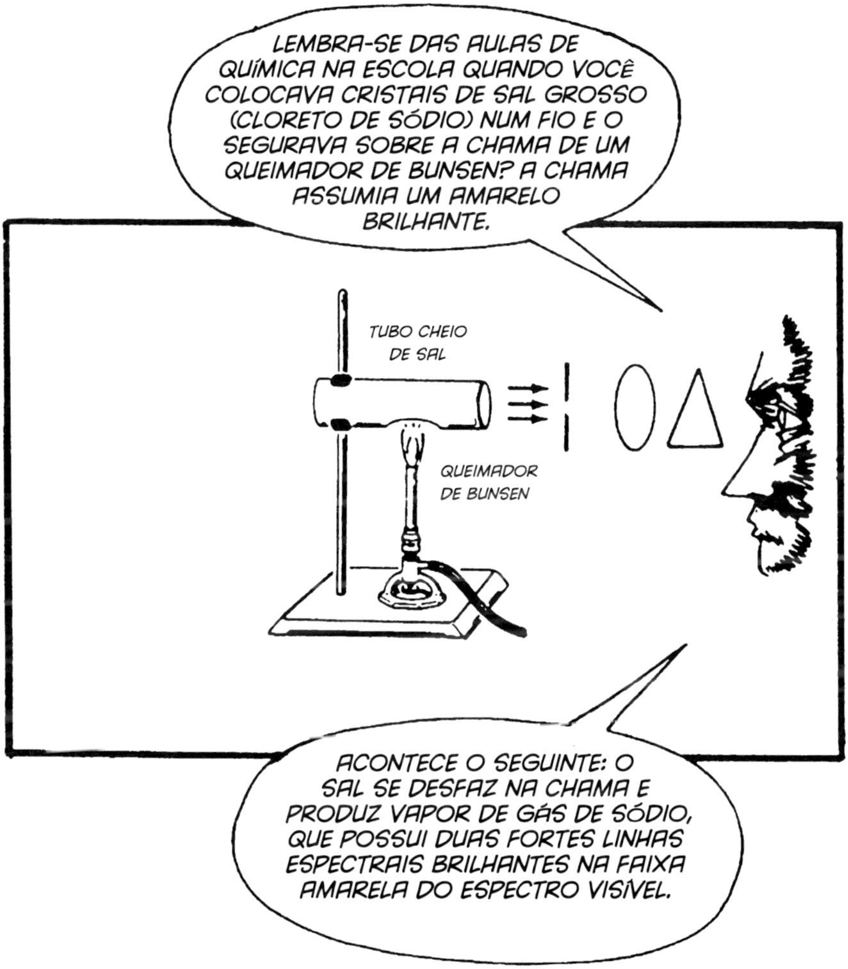
LEMBRA-SE DAS AULAS DE QUÍMICA NA ESCOLA QUANDO VOCÊ COLOCAVA CRISTAIS DE SAL GROSSO (CLORETO DE SÓDIO) NUM FIO E O SEGURAVA SOBRE A CHAMA DE UM QUEIMADOR DE BUNSEN? A CHAMA ASSUMIA UM AMARELO BRILHANTE.
TUBO CHEIO DE SAL
QUEIMADOR DE BUNSEN
ACONTECE O SEGUINTE: O SAL SE DESFAZ NA CHAMA E PRODUZ VAPOR DE GÁS DE SÓDIO, QUE POSSUI DUAS FORTES LINHAS ESPECTRAIS BRILHANTES NA FAIXA AMARELA DO ESPECTRO VISÍVEL.

Ao combinar as cores separadas, as propriedades integradoras do olho nos impedem (e a outros animais) de ver essas linhas, de modo que vemos apenas a mistura (por exemplo, avermelhada para o neon incandescente, azul claro para o nitrogênio, e assim por diante). No caso do sódio, o olho mescla as duas linhas amarelas, e a chama fica parecida com as pétalas de um narciso chamejante.

O gás de **mercúrio** (de um líquido vaporizado) e o gás de **nitrogênio** produziram padrões de linhas brilhantes facilmente reconhecíveis quando fotografados com um aparelho sensível chamado *espectrômetro*.

De fato, os padrões espectrais dos elementos são tão distintos e as medidas tão exatas que não se conhecem dois padrões que tenham o mesmo arranjo de linhas. Os espectros podem ser usados para identificar gases **desconhecidos**, como no caso da descoberta do gás de hélio no espectro do sol. Mas antes de descrever essa descoberta impressionante, falaremos um pouco sobre as **linhas escuras** no espectro de luz.

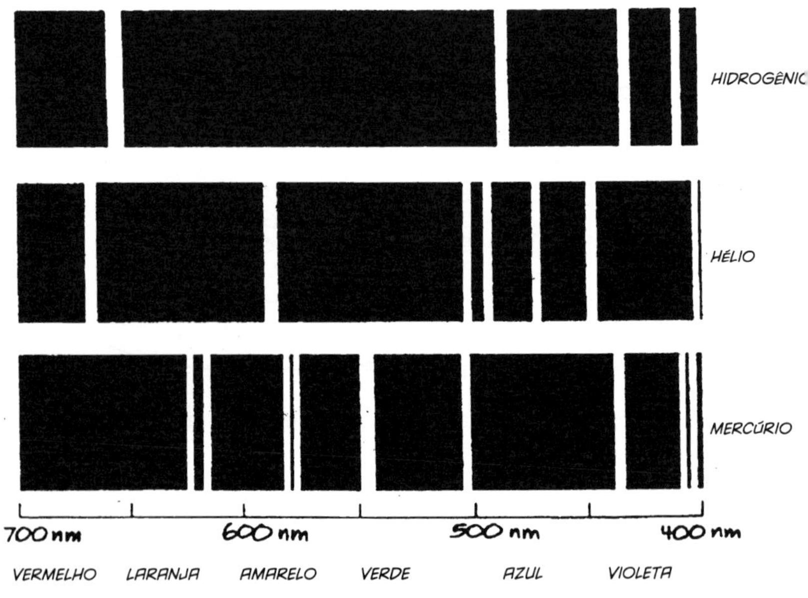

Espectros de absorção (linhas escuras)

Os três diagramas abaixo mostram como observar os dois tipos diferentes de espectros.

(1) A radiação de "luz branca", que contém todas as frequências, é emitida por um sólido quente (como o filamento aquecido de uma lâmpada) e passa por uma fenda antes de entrar na fina ponta de um prisma em cunha triangular. Um **espectro contínuo** (do tipo arco-íris) aparece na tela.

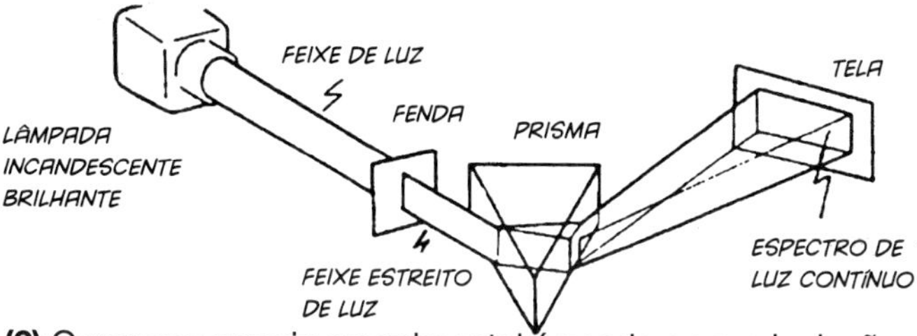

(2) O mesmo arranjo experimental é usado com a inclusão de um **gás quente**, que atua como fonte no lugar de um sólido quente. Nesse caso, um espectro de **linha brilhante** aparece na tela e a forma de cada linha é a imagem da fenda.

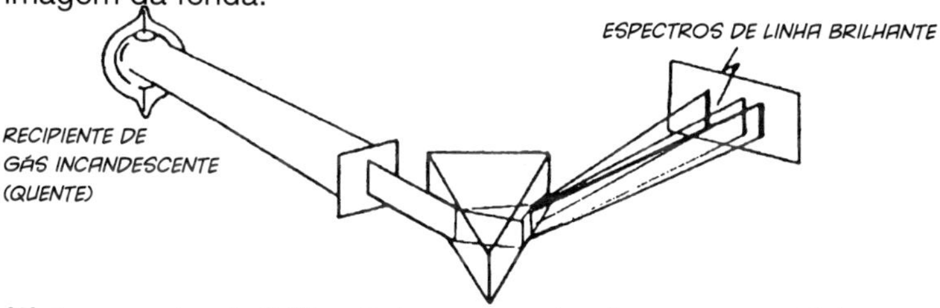

(3) Agora, **algo inédito**. Retorne ao primeiro caso, o sólido quente emitindo radiações de todas as frequências. O recipiente de gás está interposto entre a fonte e a fenda. Mas, dessa vez, o gás não está aquecido... e sim frio.

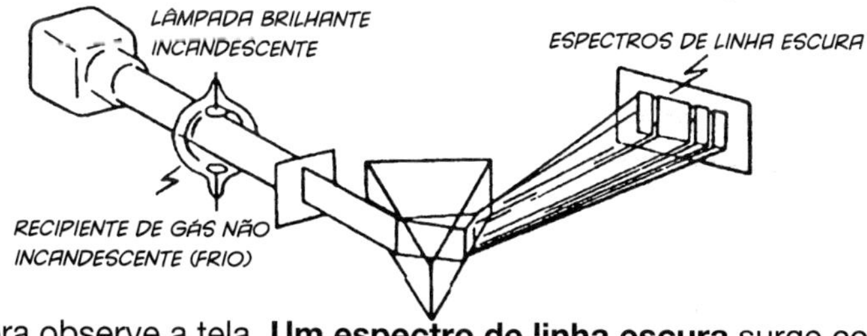

Agora observe a tela. **Um espectro de linha escura** surge com as linhas faltantes, exatamente correspondentes às **linhas brilhantes** do caso anterior, quando o gás estava quente.

Podemos chegar a uma conclusão muito simples. O gás frio (não agitado) *está absorvendo* a luz exatamente nas mesmas frequências em que esse mesmo gás emitiu luz quando aquecido. Deve haver determinados estados característicos da energia num gás que sejam reversíveis, isto é, que possam *absorver* ou *emitir* energia. Muito interessante...

Linhas de Fraunhofer

Isso tudo é muito complexo, mas, ao mesmo tempo, encorajador porque em ambos os arranjos os espectros de absorção e de emissão, a frequência (ou comprimento de onda) em que essas linhas apareceram foi sempre a mesma. Os espectros de linha deram aos físicos uma informação exata e reprodutível acerca dos elementos puros.

Em 1814, **Joseph von Fraunhofer** (1787-1826) criou o primeiro *espectroscópio*, combinando um prisma com um telescópio de curto alcance focalizado em uma fenda estreita e distante. Posteriormente, ele usou o instrumento para ver o espectro do Sol e viu...

... UM NÚMERO PRATICAMENTE INCONTÁVEL DE LINHAS MAIS ESCURAS QUE O RESTANTE DA IMAGEM COLORIDA; ALGUMAS PARECIAM ATÉ SER QUASE COMPLETAMENTE PRETAS.
EU FIQUEI CONVENCIDO DE QUE ESSAS LINHAS SE DEVEM À NATUREZA DA LUZ SOLAR E NÃO A UMA ILUSÃO DE ÓPTICA.

3900 4000 4100 4200 4300 4400 4500 4600
K H Hδ h G Hγ
Ca Ca Fe H Ca Fe Fe H Fe

Essas linhas escuras no espectro solar passaram a ser conhecidas como Linhas de Fraunhofer e formam a base da espectroscopia astrofísica.

A descoberta do hélio

Muitos anos depois, **Gustav Kirchhoff** (1824-1887) estudou essas linhas escuras usando um método engenhoso: sobrepor as linhas amarelas brilhantes de uma solução salina (NaCl) ao espectro solar de Fraunhof. A combinação exata demonstrou que as linhas escuras eram devidas à presença de vapores frios de sódio e de outros elementos da atmosfera externa em volta do Sol.

4100
4300
4500
4500
4700
4700
5700
6100
6500
6500
6900
7300
7700
IDENTIFICAR OS PADRÕES ESPECTRAIS DAS LINHAS DO ESPECTRO SOLAR MOSTRAVA QUE ELEMENTOS ESTAVAM PRESENTES NA ATMOSFERA EM VOLTA DO SOL.
QUANDO UM PADRÃO DISTINTO, NUNCA OBSERVADO ANTES, FOI ENCONTRADO, INICIOU-SE UMA PESQUISA EM LABORATÓRIO ACERCA DESSE GÁS.
ESPECTRO DE EMISSÃO

O elemento indefinível — um gás quimicamente inerte, inodoro e incolor — foi por fim detectado e isolado. Muito apropriadamente, ele foi chamado de hélio, de acordo com o termo grego para "sol", *helios*.

Hidrogênio — teste para a estrutura atômica

Seguramente esses espectros de linha tinham de revelar algo absolutamente, fundamental sobre a estrutura interna do átomo. Mas o quê? Fazia-se necessário um exame mais detido.

Em tentativas de relacionar as linhas brilhantes características a algum tipo de teoria da estrutura atômica, não é de surpreender que os físicos tenham optado por examinar os espectros de **hidrogênio**, que é o átomo mais simples entre todos os elementos.

As quatro mais destacadas linhas de hidrogênio, todas situadas na parte visível do espectro de luz, já tinham sido cuidadosamente medidas desde 1862 pelo astrônomo sueco **A. J. Ångstrom** (1814-1874).

USEI TÉCNICAS ESPECTROSCÓPICAS PARA DETECTAR A PRESENÇA DE HIDROGÊNIO NO SOL E, DEPOIS, FIZ MEDIDAS ACURADAS DO ESPECTRO DE HIDROGÊNIO. ESSES VALORES ERAM BEM CONHECIDOS E ESTIVERAM SUJEITOS A ANÁLISES E PESQUISAS DURANTE ANOS.

Balmer: o mestre-escola suíço

Em 1885, um mestre-escola suíço que lecionava matemática, **Johann Jakob Balmer** (1825-1898), publicou os resultados de meses de trabalho empregados na manipulação de valores numéricos das frequências das linhas do espectro visível de hidrogênio.

EU ESTAVA SIMPLESMENTE ESTABELECENDO UMA ORGANIZAÇÃO INICIAL DE DADOS BRUTOS. NÃO HAVIA PROPRIAMENTE FÍSICA ENVOLVIDA, ERA PURO CÁLCULO.

Milagrosamente, Balmer conseguiu descobrir uma fórmula referente a todos os números que **prediziam quase exatamente** as frequências das quatro linhas visíveis do hidrogênio — e outras na região ultravioleta, posteriormente confirmada.

Constante de Rydberg

$$f = R\left(\frac{1}{n_f^2} - \frac{1}{n_i^2}\right)$$

Usando essa equação, Balmer conseguiria prever as frequências das quatro linhas de hidrogênio se $\mathbf{n_f}$ (final) fosse definida como 2; $\mathbf{n_i}$ (inicial) = 3, 4, 5 e 6; e **R** tivesse como valor 3.29163 x 10^{15} ciclos/segundo. Isso conferiu o melhor resultado às medidas.

Uma comparação dos valores de Balmer com as medidas atuais é apresentada na tabela abaixo:

Espectro de emissão de hidrogênio

Valores experimentais		Fórmula de Balmer	
Extensão da onda	**Frequência**	**Frequência**	**Valor de ni**
(nm = 10-9 m)	(106 Mhz)	(106 Mhz)	(nf = 2)
656.210 (vermelho)	457.170	457.171	3
486.074 (verde)	617.190	617.181	4
434.01 (azul)	691.228	691.242	5
410.12 (violeta)	731.493	731.473	6

A exatidão era muito boa para não ser *verdade*! Devia haver algo de fundamental subjacente a sua equação. Talvez algumas leis físicas aplicadas ao átomo pudessem gerar uma equação desse tipo.

Nesse ínterim, Balmer prognosticou mais linhas — no limite de frequência do ultravioleta e do infravermelho — que nesse tempo não podiam nem mesmo ser medidas. Ele usou diferentes valores para $\mathbf{n_f}$ e prognosticou várias séries de linhas de espectros.

A equação de Balmer previu uma infinidade de linhas... e era, como podemos ver, bastante correta! Mas se ela levaria ou não a uma nova teoria, isso não ficou decidido.

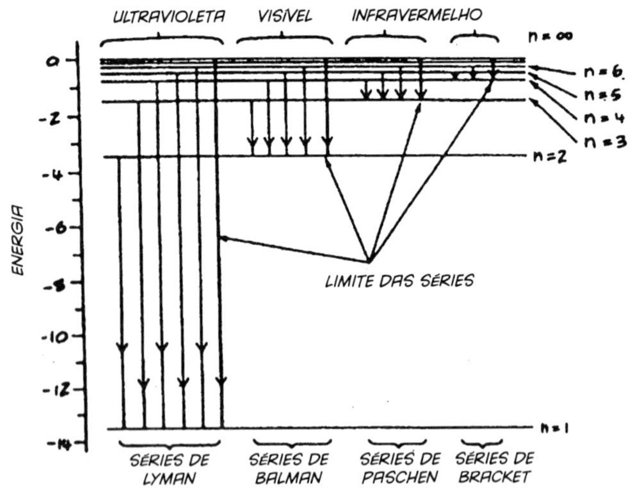

QUANTO MAIOR A EXTENSÃO DA SETA, MAIS ALTA A FREQUÊNCIA DA LUZ. AS ORIGENS DAS VÁRIAS SÉRIES DAS LINHAS ESPECTRAIS ESTÃO INDICADAS NO DIAGRAMA.

Frequências do hidrogênio da fórmula de Balmer

Balmer levantou a hipótese de existirem mais linhas de hidrogênio pelo fato de nf assumir valores diferentes de 2. Por exemplo, nf = 1 deu uma nova série no ultravioleta, e nf = 3 e 4 deu outras novas séries no infravermelho.

Tabela de séries espectrais de hidrogênio (equação de Balmer)

n_{final}	$n_f = 1$	$n_f = 2$	$n_f = 3$	$n_f = 4$
$n_{inicial}$	$n_i = 2,3,4,5,6...$	$n_i = 3,4,5,6,7...$	$n_i = 3,4,5,6,7,8...$	$n_i = 5,6,7,8,9...$
faixa de luz	ultravioleta	visível	infravermelho	infravermelho
descoberta	1906-1914	1885	1908	1922
descobridor	Lyman	Balmer	Paschen	Brackett

Essas sequências sugerem claramente algum tipo de diagrama de energia, assim como a **emissão/absorção** de luz de um átomo deve corresponder a uma **diminuição/aumento** da energia do átomo. O diagrama abaixo mostra como a fórmula de Balmer era usada para prever as frequências das linhas espectrais começando cada sequência com um número diferente, como na tabela.

Frequências do hidrogênio da fórmula de Balmer

Essa informação seria decisiva para qualquer teoria atômica. Essas mudanças dos **números de conjunto**, que davam frequências precisas da radiação emitida, sugeriam que estava acontecendo algum tipo de rearranjo das partes do átomo.

Ninguém fazia ideia da composição do átomo até a década de 1890. Mesmo assim, parecia evidente que uma bem-sucedida teoria do átomo tinha de incluir a fórmula milagrosa de Johann Jakob Balmer numa proporção significativa.

Descoberta do elétron

Foi nas sacrossantas salas do mundialmente famoso Laboratório Cavendish da Universidade de Cambridge que o átomo começou a ser dissecado por **J. J. Thomson** (1856-1940), um dos maiores físicos clássicos do século XIX.

DEMONSTREI QUE O ELÉTRON POSSUÍA UMA PROPORÇÃO CARGA X MASSA DIFERENTE E ERA, PORTANTO, UMA PARTÍCULA, NÃO UM RAIO CATÓDICO.

De fato, durante os últimos cinco anos do século XIX, ficou demonstrado que outros pretensos raios se comportavam como partículas. Os raios alfa e beta se tornaram as *partículas* alfa e beta. O próximo passo era ver como essas partículas podem ser usadas para formar um átomo.

Átomo bolo inglês de natal

Thomson e Lorde Kelvin desenvolveram um modelo do átomo (provavelmente na época do Natal) no qual os elétrons negativos estavam encaixados numa esfera uniforme de carga positiva, como uvas-passas num panetone. As conjeturas clássicas habituais eram adaptadas:

A RADIAÇÃO DE UM ÁTOMO PODE SER DESCRITA PELA TEORIA ELETROMAGNÉTICA DE MAXWELL.
A DINÂMICA NO ÁTOMO DEVE SEGUIR AS LEIS DO MOVIMENTO NEWTONIANAS.

ESSE É O MODELO PANETONE DO ÁTOMO. OS ELÉTRONS NEGATIVAMENTE CARREGADOS (AS UVAS-PASSAS) ESTÃO ENCAIXADOS EM UMA ESFERA UNIFORME DE CARGA POSITIVA (O PANETONE).

Apesar de bastante divulgado, esse esquema era inerentemente instável e não levava a lugar algum.

Então, por volta de 1907, um dos mais imaginativos, talvez até um dos mais iconoclastas, físicos clássicos chegou ao centro do palco. **Ernest Rutherford** (1871-1937), um ex-aluno de Thomson em Cambridge, era nessa época professor de física na Universidade de Manchester e trabalhava na nova área de pesquisa da radioatividade.

O átomo nuclear de Rutherford

Embora tivesse acentuada tendência para o experimentalismo, Rutherford estava sempre disposto a trabalhar com um modelo teórico baseado em medições confiáveis que ele pudesse ver e entender. Ele colaborava de muito perto com seus estudantes pesquisadores, incentivando-os regularmente com suas voltas pelos laboratórios cantando “Avante, soldados de Cristo”.

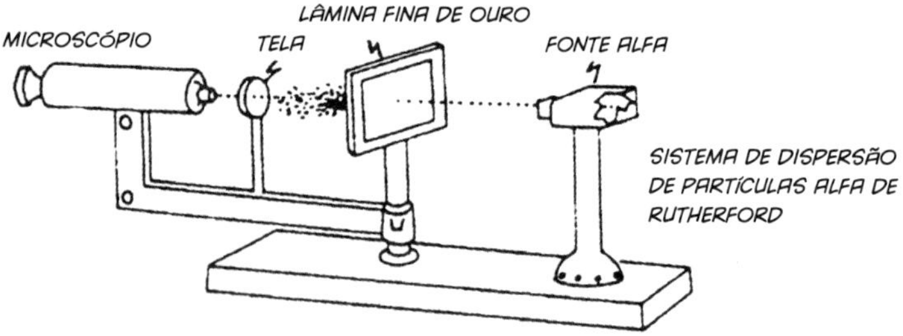

Em 1908, enquanto dava sequência a um programa de pesquisa sobre as partículas alfa radioativas, Rutherford teve a ideia de que esses projéteis massivos positivamente carregados podiam ser os testadores ideais para estudar a estrutura do átomo. Com um de seus alunos da Alemanha, **Hans Geiger** (1882-1945), Rutherford começou a estudar o espalhamento alfa por meio de uma chapa fina de ouro, observando através de um microscópio os pequenos clarões produzidos à medida que partículas alfa individuais colidem com uma tela fluorescente.

RUTHERFORD, A MAIOR PARTE DO ESPALHAMENTO É PEQUENA, CERCA DE UM GRAU APENAS. MESMO ASSIM, O NÚMERO DE PARTÍCULAS DISPERSAS ATRAVÉS DE ÂNGULOS DE DEZ GRAUS OU MAIS É MUITO MAIOR QUE O PREVISTO PELO MODELO DE THOMSON.
HUM... O ÁTOMO DE THOMSON DEVE TER ATUADO BEM SUPERFICIALMENTE NO PROJÉTIL – UM POUCO COMO UMA NUVEM NA QUAL A POEIRA FINA ESTÁ SUSPENSA.

No dia seguinte…

VOCÊ NÃO ACHA QUE O JOVEM MARSDEN, A QUEM ENSINEI OS MÉTODOS RADIATIVOS, DEVIA DAR INÍCIO A UMA PEQUENA PESQUISA?
POR QUE NÃO PEDIR QUE ELE VEJA SE ALGUMAS PARTÍCULAS ALFA SÃO DISPERSAS ATRAVÉS DE UM ÂNGULO MAIOR? PARA SER FRANCO, NÃO CREIO QUE ELAS SE DISTRIBUAM, MAS VALE A PENA VERIFICAR. NO MÍNIMO, MARSDEN APRENDERÁ ALGO SOBRE TÉCNICAS DE ESPALHAMENTO.

Dois ou três dias depois...
MARSDEN OBSERVOU ALGUMAS DAS PARTÍCULAS ALFA RETROCEDEREM!
ESSE É, SEGURAMENTE, O MAIS INCRÍVEL ACONTECIMENTO JÁ OCORRIDO EM TODA A MINHA VIDA! É QUASE COMO SE VOCÊ ATIRASSE UMA BOMBA DE 15 POLEGADAS NUM PEDAÇO DE LENÇO DE PAPEL E ELA RETROCEDESSE E O FERISSE!

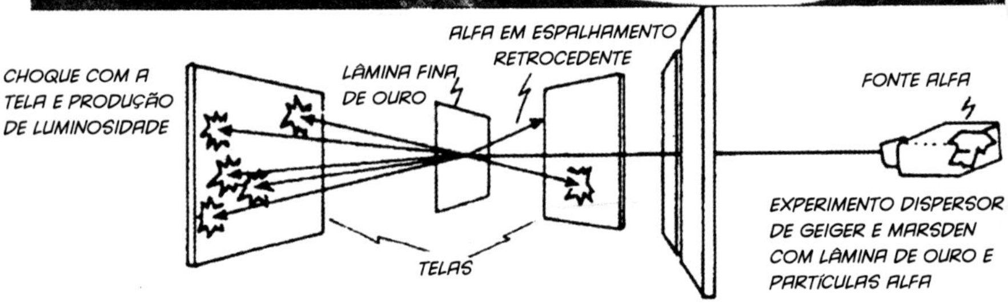
CHOQUE COM A TELA E PRODUÇÃO DE LUMINOSIDADE
LÂMINA FINA DE OURO
ALFA EM ESPALHAMENTO RETROCEDENTE
FONTE ALFA
TELAS
EXPERIMENTO DISPERSOR DE GEIGER E MARSDEN COM LÂMINA DE OURO E PARTÍCULAS ALFA

Mais tarde, em seu estudo...

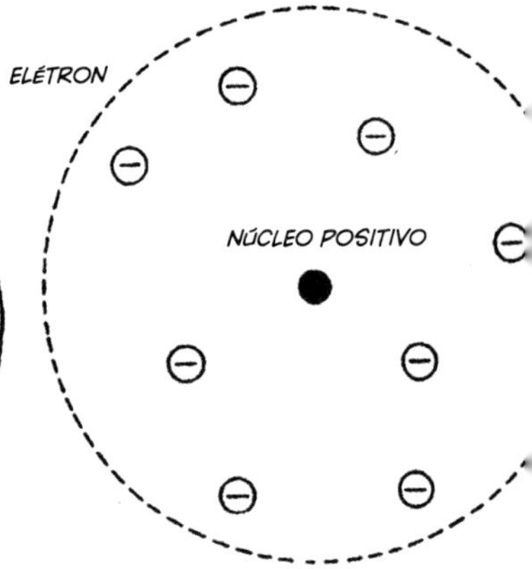
ELÉTRON
NÚCLEO POSITIVO

ESSE ESPALHAMENTO RETROCEDENTE DEVE SER RESULTADO DE UMA COLISÃO ISOLADA... MAS ESSE CÁLCULO MOSTRA QUE É IMPOSSÍVEL CONSEGUIR ALGO DESSA MAGNITUDE, A MENOS QUE A MAIOR PARTE DA MASSA DO ÁTOMO ESTEJA CONCENTRADA NUM MINÚSCULO NÚCLEO.
O ÁTOMO DEVE TER UM CENTRO MACIÇO, MAS INCRIVELMENTE PEQUENO, QUE CARREGA UMA CARGA POSITIVA.

Esses experimentos e a interpretação de Rutherford marcam o surgimento do conceito moderno de modelo nuclear do átomo.

O tamanho do núcleo

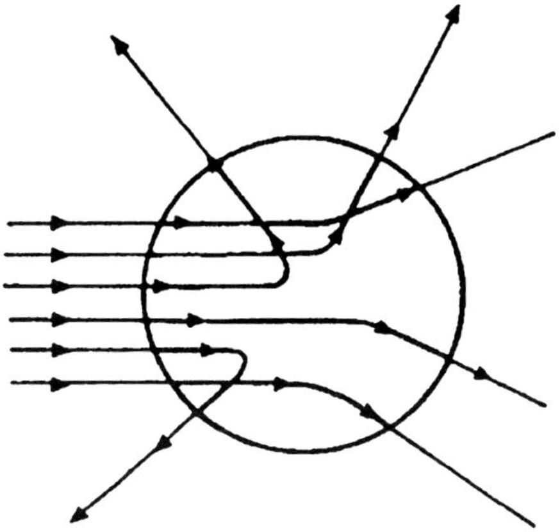

Como resultado secundário desses experimentos de espalhamento, o tamanho do núcleo pôde ser estimado. Se uma partícula alfa se move diretamente rumo ao núcleo, sua energia cinética em aproximação é transformada em energia elétrica potencial até que ela desacelere e, por fim, pare. A distância da aproximação mais precisa pode ser então computada a partir da conservação de energia.

O ÁTOMO É PRATICAMENTE VAZIO, UMA VEZ QUE O NÚCLEO OCUPA CERCA DE APENAS UM BILIONÉSIMO DO ESPAÇO!

Portanto, a maioria das partículas alfa ou de outros projéteis, tais como átomos, elétrons ou nêutrons, pode penetrar em milhares de camadas de átomos de placas metálicas ou de gases com apenas uma deflexão ocasional para trás. Foi por isso que Geiger e Marsden tiveram de ser muito pacientes (como todo bom cientista) para fazer a descoberta do espalhamento retrocedente em Manchester.
Mesmo tendo alcançado êxito na explicação do fenômeno do espalhamento, esse modelo do átomo nuclear levantou muitas novas questões.

QUAL É O ARRANJO DOS ELÉTRONS EM VOLTA DO NÚCLEO?
DO QUE SE COMPÕE O NÚCLEO E O QUE É QUE O IMPEDE DE EXPLODIR POR CAUSA DA REPULSÃO DE SUAS CARGAS POSITIVAS?
O QUE É QUE IMPEDE O ELÉTRON NEGATIVO DE CAIR EM UM NÚCLEO POSITIVO POR ATRAÇÃO ELÉTRICA?
RESPONDI A ESSAS QUESTÕES PROPONDO UM MODELO PLANETÁRIO PARA O ÁTOMO, COM ELÉTRONS CIRCULANDO EM TORNO DO PEQUENO NÚCLEO. DA ATRAÇÃO ELÉTRICA PROVERIA, ENTÃO, UMA FORÇA CENTRÍPETA QUE MANTERIA O ELÉTRON SE MOVENDO NUMA ÓRBITA.

Esse modelo apresentou a ele outro problema ainda...

SE OS ELÉTRONS SÃO UMA ESPÉCIE DE SISTEMA SOLAR MICROSCÓPICO, MOVENDO-SE EM ÓRBITAS CIRCULARES PRÓXIMOS AO NÚCLEO (PORTANTO, ACELERANDO), O QUE OS IMPEDE DE IRRADIAR CONTINUAMENTE COMO A TEORIA ELETROMAGNÉTICA CLÁSSICA TERIA PROGNOSTICADO?
ELES PERDERIAM TODA A SUA ENERGIA NUMA FRAÇÃO DE SEGUNDO.
NINGUÉM DEVERIA ESPERAR QUE UM MODELO – CONSTRUÍDO COM BASE NUM CONJUNTO DE RESULTADOS INTRINCADOS QUE ELE DOMINARIA – SERIA CAPAZ DE DAR CONTA DE TODAS AS OUTRAS QUESTÕES.
CONJETURAS ADICIONAIS SERIAM NECESSÁRIAS PARA COMPLETAR O QUADRO, ESPECIALMENTE NO QUE SE REFERE AOS PORMENORES DA ESTRUTURA ATÔMICA.

O modelo de Rutherford era instável.

Mas, pelo menos, tivera início a visualização do átomo. O próximo passo também foi dado pelo grupo de Rutherford, em Manchester, com a chegada de um jovem estudante dinamarquês recentemente transferido de Cambridge...

Chegada do herói quântico, Niels Bohr

Em 1912, no laboratório de Rutherford, em Manchester, o "Grande Dinamarquês" começou sua busca incansável de um entendimento mais aprofundado da física quântica, que perdurou por cinquenta anos, até sua morte em 1962.

Nesse grande esforço, ninguém pode ser comparado a Bohr, nem mesmo Einstein. Ele é o avô da física quântica, tendo proposto as primeiras ideias e trabalhado com quase todos os pesquisadores que deram contribuições ao desenvolvimento da teoria.

Ele chegou à Inglaterra em 1911, trazendo um grande dicionário e as obras completas de Charles Dickens, com os quais estudava inglês. Apesar de suas limitações com a língua inglesa, Bohr tinha grande autoconfiança e uma inacreditável capacidade para encarar o rigor do trabalho.

COMECEI NO LABORATÓRIO CAVENDISH, SOB ORIENTAÇÃO DE J. J. THOMSON, MAS NÃO ENTREI EM SINTONIA COM O GRANDE HOMEM.
ESPECIALMENTE DEPOIS DE ELE TER ME REVELADO SEU GRANDE DESAPONTAMENTO COM MEU MODELO DE PANETONE PARA O ÁTOMO.
COPENHAGUE
OLIVER TWIST
BLEAK HOUSE
CAMBRIDGE
MANCHESTER

Quando Bohr encontrou Rutherford num jantar no Cavendish, ficou muito impressionado com o entusiasmo e os elogios que Rutherford expressou por um trabalho que **não o seu.**

ESSA ATITUDE NÃO É MUITO COMUM EM CÍRCULOS ACADÊMICOS. ENTÃO, LOGO PERGUNTEI A ELE SE EU PODERIA ME INTEGRAR AO GRUPO DE MANCHESTER PARA ADQUIRIR ALGUMA EXPERIÊNCIA.
EU O ACEITEI NO PRIMEIRO INSTANTE. GOSTEI DO FATO DE BOHR SER UM JOGADOR DE FUTEBOL.

Quando Bohr chegou a Manchester, o lugar estava fervilhando com a aplicação do novo átomo planetário de Rutherford. Ele não se intimidou com as restrições do modelo de Rutherford e intuiu que, de todo modo, a mecânica clássica não se aplicava ao interior do átomo. Ele sabia que o trabalho de Planck e de Einstein sobre a radiação da luz era muito importante, muito mais que uma astuciosa ideia alemã.

Já no verão de 1912, Bohr preparou um rascunho para Rutherford que se intitulava *Sobre a constituição dos átomos e das moléculas*, que encarava diretamente o problema da estabilidade atômica.

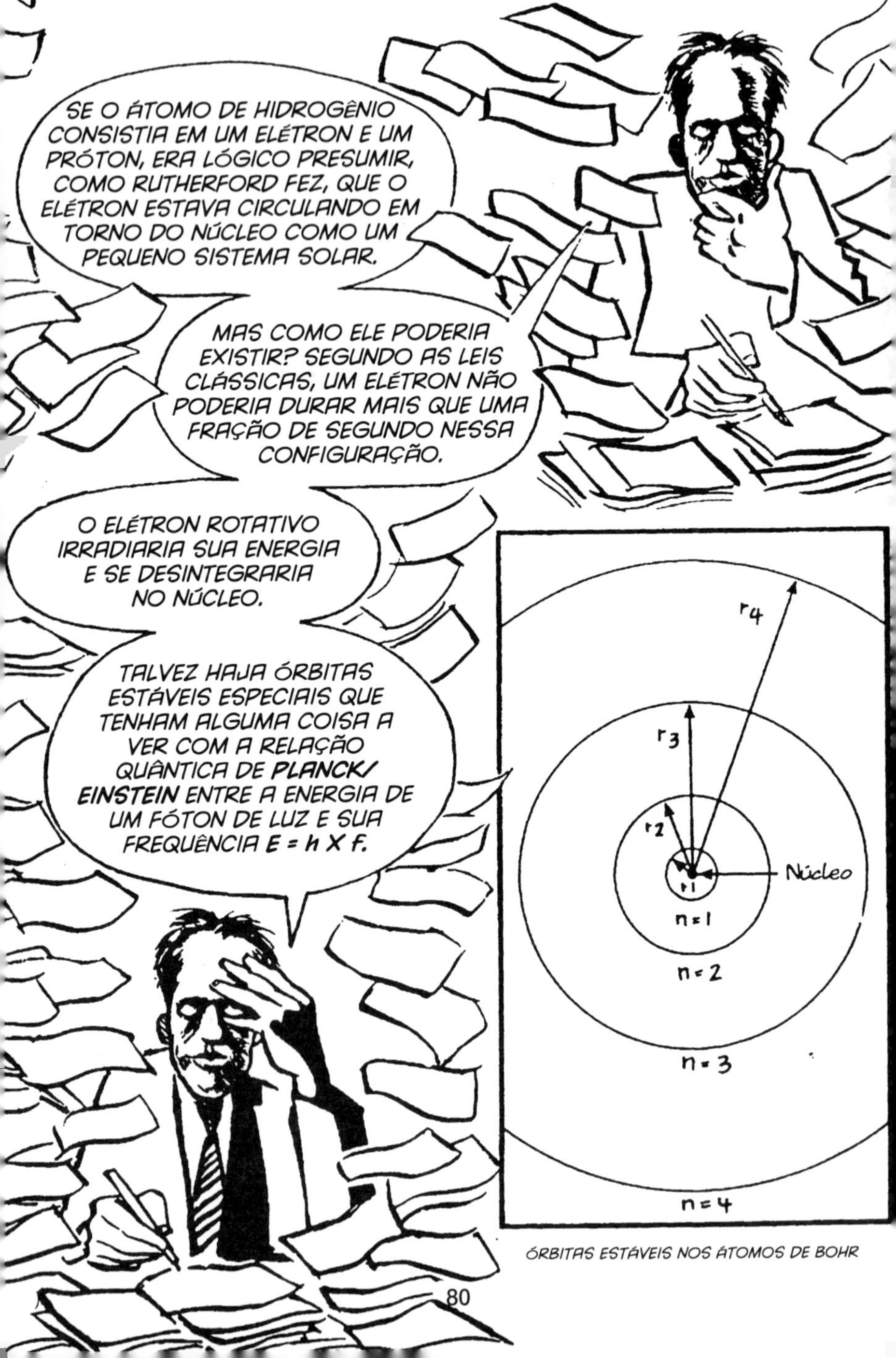
SE O ÁTOMO DE HIDROGÊNIO CONSISTIA EM UM ELÉTRON E UM PRÓTON, ERA LÓGICO PRESUMIR, COMO RUTHERFORD FEZ, QUE O ELÉTRON ESTAVA CIRCULANDO EM TORNO DO NÚCLEO COMO UM PEQUENO SISTEMA SOLAR.
MAS COMO ELE PODERIA EXISTIR? SEGUNDO AS LEIS CLÁSSICAS, UM ELÉTRON NÃO PODERIA DURAR MAIS QUE UMA FRAÇÃO DE SEGUNDO NESSA CONFIGURAÇÃO.
O ELÉTRON ROTATIVO IRRADIARIA SUA ENERGIA E SE DESINTEGRARIA NO NÚCLEO.
TALVEZ HAJA ÓRBITAS ESTÁVEIS ESPECIAIS QUE TENHAM ALGUMA COISA A VER COM A RELAÇÃO QUÂNTICA DE **PLANCK/EINSTEIN** ENTRE A ENERGIA DE UM FÓTON DE LUZ E SUA FREQUÊNCIA **E = h X f.**
r4
r3
r2
r1
Núcleo
n=1
n=2
n=3
n=4

ÓRBITAS ESTÁVEIS NOS ÁTOMOS DE BOHR

A grande inovação de Bohr foi descobrir a fórmula de Balmer no início de 1913. Até então, ele não tinha sequer pensado nos espectros de luz.
QUANDO OUVI FALAR DA FÓRMULA DE BALMER, CONSEGUI CONCLUIR IMEDIATAMENTE O PRIMEIRO DOS TRÊS ARTIGOS ACERCA DA INTERPRETAÇÃO DESSA FÓRMULA COM RELAÇÃO AO MEU NOVO MODELO PARA O ÁTOMO DE HIDROGÊNIO.
te, Balmer conseguiu descobrir uma fórmula refer
eros que **prediziam quase exatamente** as frequên
nhas visíveis do hidrogênio — e outras na região ultr
nte confirmada.
Constante de Rydberg
$f = R\left(\frac{1}{n_f^2} - \frac{1}{n_i^2}\right)$
ação, Balmer conseguiria prever as frequên
rogênio se n_f (final) fosse definida com
tivesse como valor 3.29163 x 1
ado às medidas.

Esse fato marca o início da teoria quântica da estrutura atômica.

Bohr se encontra com Nicholson: momento angular quantizado

EM 1912, J. W. NICHOLSON, QUE CONHECI EM CAMBRIDGE, PUBLICOU UM ARTIGO COM UMA IMPORTANTE IDEIA SOBRE O VALOR DO MOMENTO ANGULAR DE UM ELÉTRON NUM ÁTOMO.
SE A CONSTANTE h DE PLANCK TEM UMA IMPORTÂNCIA ATÔMICA, ISSO PODE SIGNIFICAR QUE O MOMENTO ANGULAR DE UMA PARTÍCULA SÓ PODE CRESCER OU DECAIR EM QUANTIDADES DISCRETAS QUANDO OS ELÉTRONS SAEM OU RETORNAM.

J. W. Nicholson (1881-1955) quantizara o momento angular, procedendo ao cálculo do valor correto $\mathbf{L = m \times v \times r = n\ (h/2\pi)}$ do hidrogênio.

Nesse momento, Bohr parece não precisar da ideia de Nicholson para continuar seu trabalho. Mas esse conceito demonstrou ser importante, de modo que devemos olhar atentamente para o momento angular.

Primeiro: momento *linear*

Em nossa linguagem cotidiana, usamos o termo momento para nos referir a algo difícil de deter uma vez que esteja em movimento. Em física, o sentido é o mesmo. Num sistema linear ou reto, sem fricção, **um corpo em movimento continuará em movimento, a menos que uma força externa atue sobre ele**. Esse é o chamado princípio de conservação da força, já conhecido por Galileu muito antes de Newton nascer.

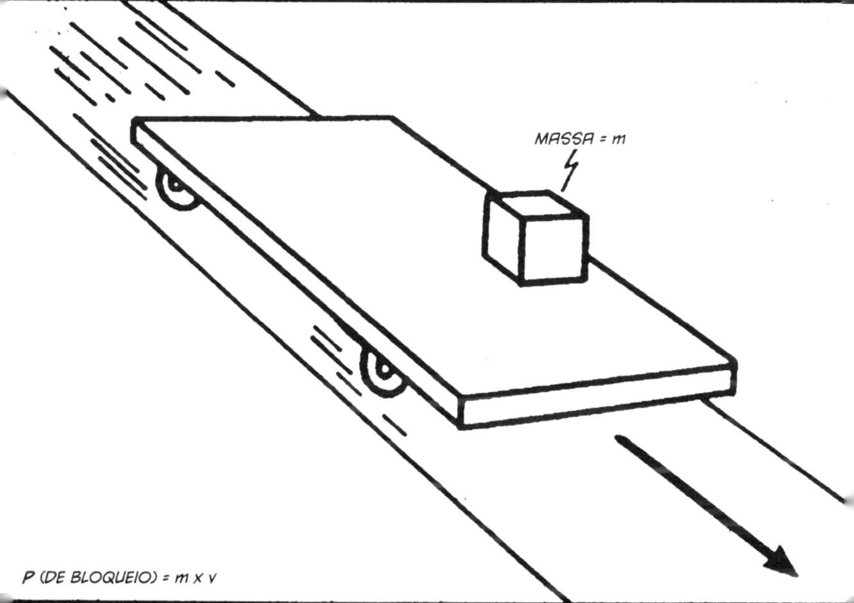

MASSA = m
P (DE BLOQUEIO) = m x v

O VALOR NUMÉRICO DO **MOMENTO LINEAR** É DEFINIDO SIMPLESMENTE COMO O PRODUTO DA MASSA DO CORPO VEZES SUA VELOCIDADE:
P = m x v
(MOMENTO LINEAR).

Segundo: momento *angular*

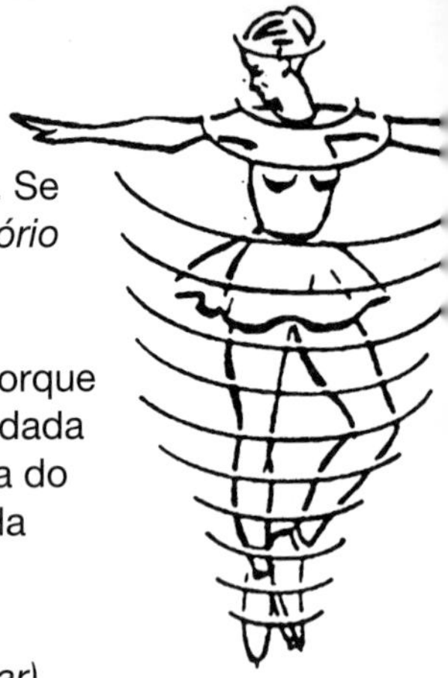

Num sistema *rotativo*, a física é similar. Se um corpo é posto em movimento *rotatório* numa órbita fechada, sem fricção, ele continuará indiminuto com **momento angular constante**, a menos que um torque externo atue sobre ele. A magnitude é dada simplesmente pelo produtor das massa do corpo, por sua velocidade e pelo raio da órbita...

$$L = m v r$$ *(momento angular),*

em que m é a massa e v, a velocidade em torno da órbita.

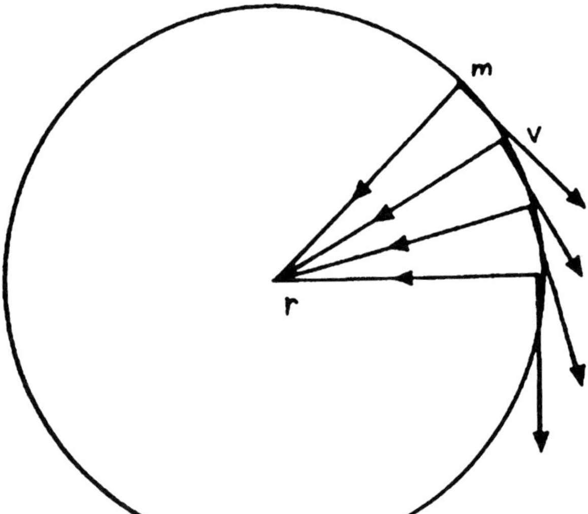
m
v
r

MOMENTO ANGULAR CONSTANTE (SEM TORQUE)

No modelo de Bohr, se um elétron for estimulado a partir de seu estado inicial de energia, ele só pode "pular" para uma órbita onde seu momento angular mudará — crescerá ou diminuirá — por algum número vezes **h/2**π.

ESSA É A PREMISSA DE MEU ESQUEMA... A QUANTIZAÇÃO DAS ÓRBITAS DE UM ELÉTRON NO ÁTOMO EM UNIDADES DA CONSTANTE DE PLANCK.

Os postulados quânticos de Bohr

Bohr introduziu dois novos postulados para dar conta da existência de órbitas de elétron estáveis. No primeiro, ele justificava o uso do átomo nuclear desafiando as objeções clássicas.

Primeiro postulado de Bohr

UM ÁTOMO **PODE** EXISTIR EM QUALQUER UMA DAS VÁRIAS ÓRBITAS ESPECIAIS SEM EMISSÃO DE RADIAÇÃO, CONTRARIAMENTE ÀS EXPECTATIVAS DA FÍSICA CLÁSSICA.
TAIS ÓRBITAS SÃO CHAMADAS DE **ESTACIONÁRIAS** E SE CARACTERIZAM POR VALORES DE MOMENTO ANGULAR ORBITAL DADOS POR...

$$L = m v r = n (h/2\pi)$$

Essa é a condição orbital quântica

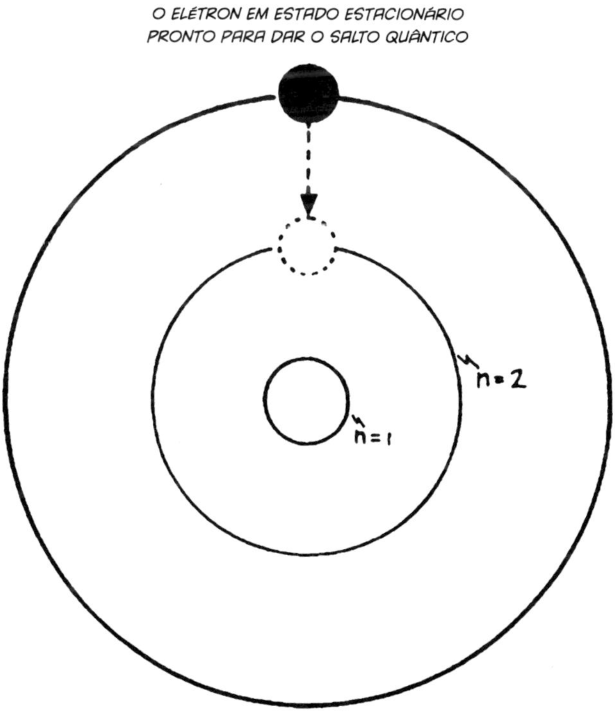
O ELÉTRON EM ESTADO ESTACIONÁRIO PRONTO PARA DAR O SALTO QUÂNTICO
n=2
n=1

O momento angular **L** não pode assumir um valor arbitrário **qualquer**, como é usualmente o caso em física clássica, mas apenas determinados valores. **L = 1 (h/2π)** na primeira órbita; **L = 2 (h/2π)** na segunda órbita; **L = 3 (h/2π)** na terceira... e assim por diante. Só são possíveis órbitas nas quais **L** é um múltiplo inteiro da unidade quantizada **h/2π**. (Esse número inteiro **n** é chamado de *número quântico principal*.)

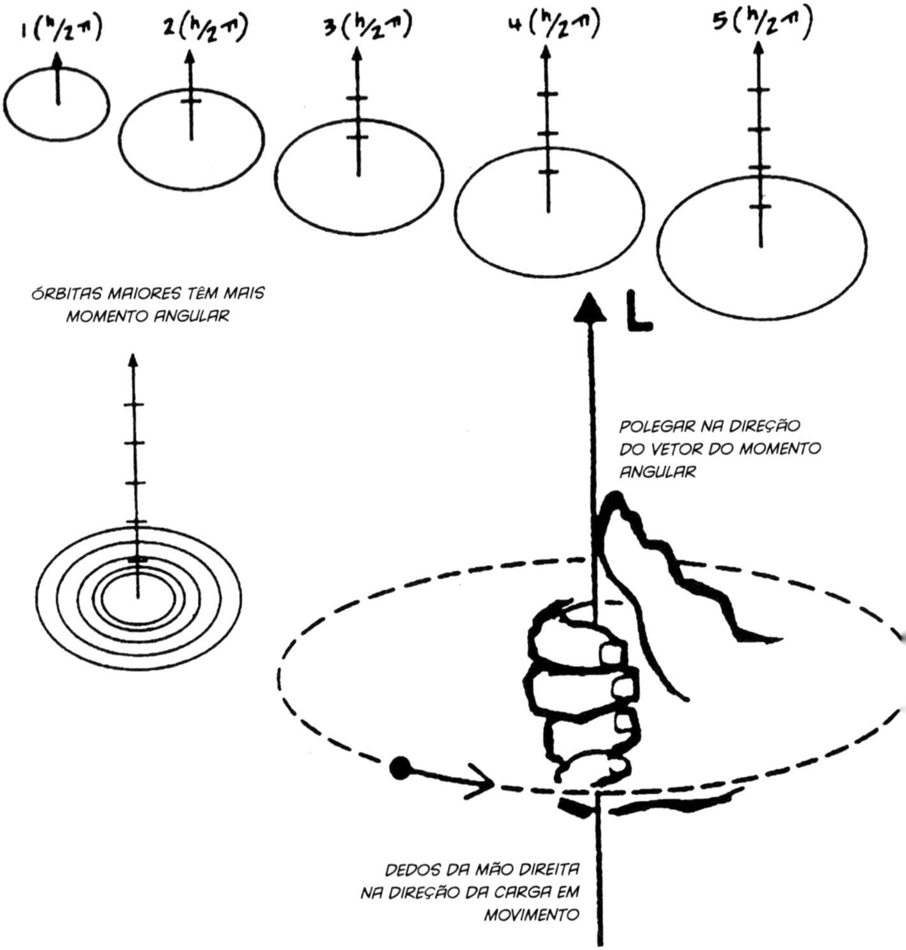

Qual é a unidade quântica fundamental, h ou h/2π?

Primeiramente, vimos que a luz só pode existir como unidades de energia perfeitamente divididas **E = h x f** (frequência). Agora, descobrimos que o momento angular também é quantizado, mas dessa vez em unidades de **h/2π.** Qual é, então, a diferença? De onde provém o fator **2π**? Por que a quantização do momento angular e da energia é diferente? Questões intrigantes, a serem respondidas a seguir!

Misturando as físicas quântica e clássica

Se o momento angular de um corpo em órbita é conhecido — em nosso caso, *postulado* —, é muito simples computar o raio e a energia da órbita usando ideias clássicas. Bohr baseou sua derivação do modelo planetário de Newton a partir do sistema solar a fim de obter a fórmula para os raios das órbitas dos elétrons...

Constante de Planck

$$r = \left(\frac{h^2}{4\pi^2 m q^2}\right) n^2$$

Raio da órbita do elétron

Massa do elétron

Carga eletrônica

Número quântico principal

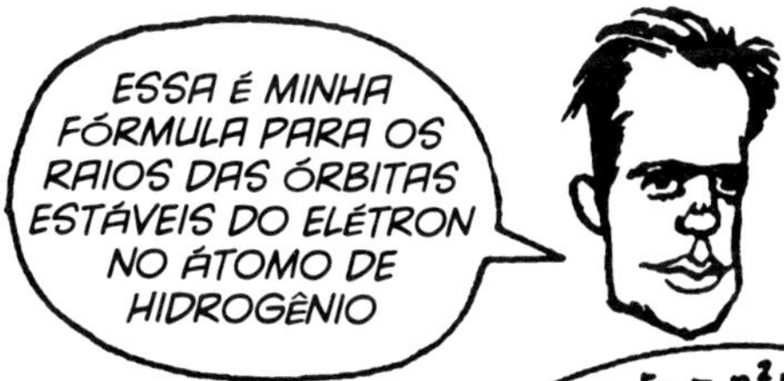
ESSA É MINHA FÓRMULA PARA OS RAIOS DAS ÓRBITAS ESTÁVEIS DO ELÉTRON NO ÁTOMO DE HIDROGÊNIO

O tamanho da órbita depende, portanto, apenas do número inteiro **n** (que também quantiza o **momento angular**), visto que todos os outros termos da equação são constantes físicas.

RAIOS ORBITAIS DO ÁTOMO DE BOHR

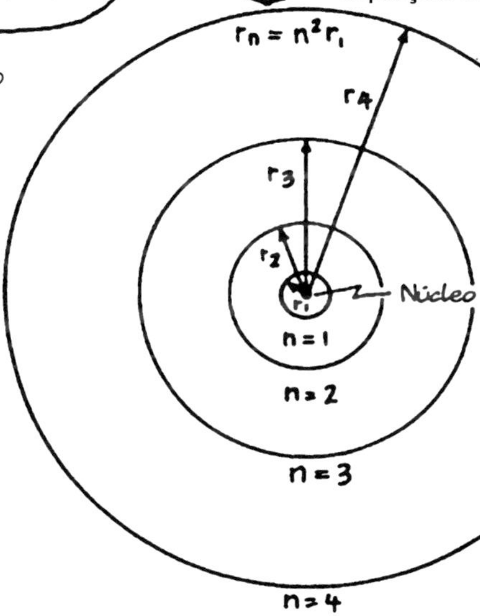
$r_n = n^2 r_1$
r_4
r_3
r_2
r_1
Núcleo
n = 1
n = 2
n = 3
n = 4

O menor dos raios é **n** = 1, quando seu valor é 5.3 x 10^{-9} m ou 5,3 nanômetros. Esse valor está muito próximo das estimativas modernas para o tamanho do átomo baseadas em medidas reais. Nesse valor, chamado de *raio de Bohr*, a energia do átomo de hidrogênio é mínima e o átomo está em seu **estado base**.

Segundo postulado de Bohr

Dando continuidade a sua analogia do átomo como um minissistema solar, Bohr pôde calcular facilmente a energia de cada órbita, visto que o raio era conhecido. Foi possível que ele usasse a **diferença** de energia entre estados estacionários para determinar as frequências da emissão e da absorção de luz. Isso levou a seu segundo postulado...

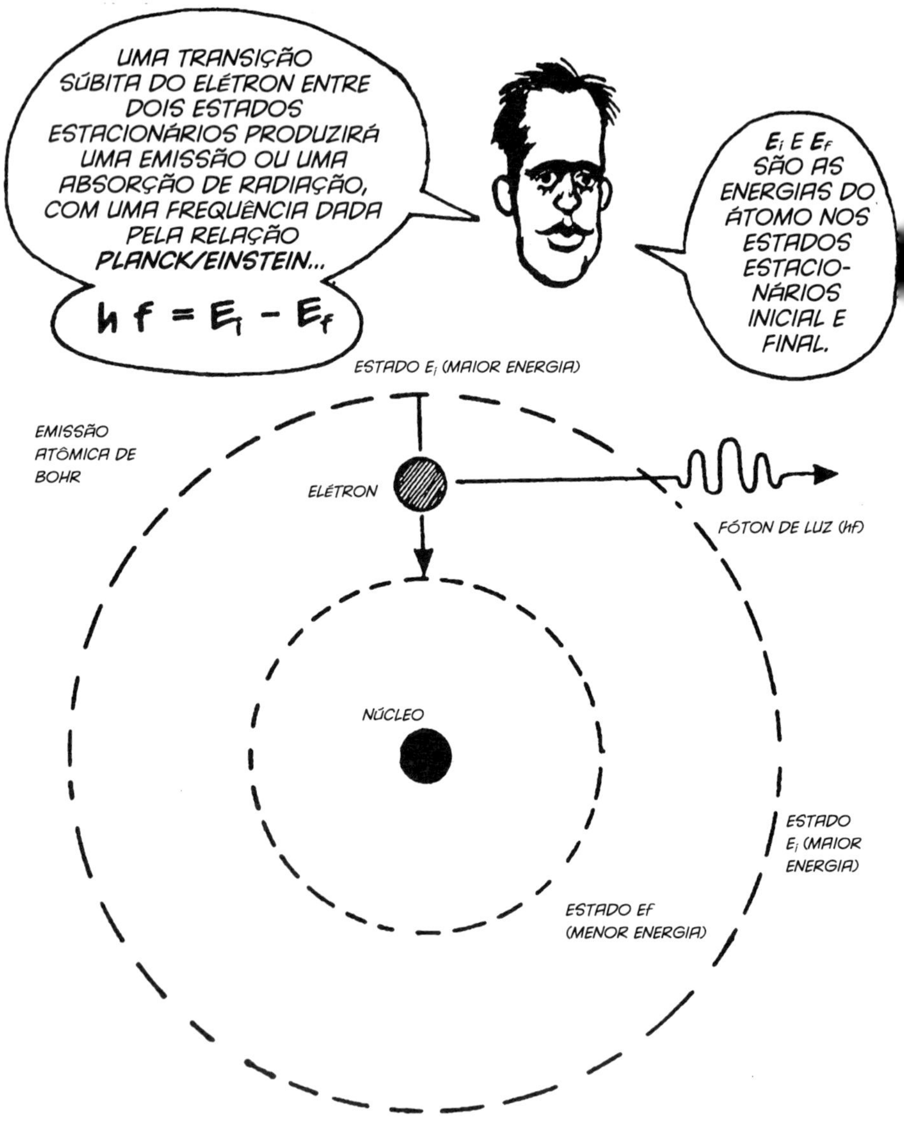
UMA TRANSIÇÃO SÚBITA DO ELÉTRON ENTRE DOIS ESTADOS ESTACIONÁRIOS PRODUZIRÁ UMA EMISSÃO OU UMA ABSORÇÃO DE RADIAÇÃO, COM UMA FREQUÊNCIA DADA PELA RELAÇÃO PLANCK/EINSTEIN...
$hf = E_i - E_f$
E_i E E_f SÃO AS ENERGIAS DO ÁTOMO NOS ESTADOS ESTACIONÁRIOS INICIAL E FINAL.
ESTADO E_i (MAIOR ENERGIA)
EMISSÃO ATÔMICA DE BOHR
ELÉTRON
FÓTON DE LUZ (hf)
NÚCLEO
ESTADO E_i (MAIOR ENERGIA)
ESTADO EF (MENOR ENERGIA)

Essa é a condição de transição quântica

Bohr deriva a fórmula de Balmer

A partir desses postulados, Bohr decide derivar a fórmula de Balmer (já conhecida como capaz de dar os valores corretos dos espectros de linha de hidrogênio) usando seu novo modelo atômico. Ele misturou a física clássica com a física quântica para obter…

$$f = \frac{2\pi^2 m q^4}{h^3}\left(\frac{1}{n_f^2} - \frac{1}{n_i^2}\right)$$

Essa é exatamente a mesma fórmula que Balmer obteve para as frequências do hidrogênio, se o termo constante **R** na equação de Balmer (chamado de *constante de Rydberg*) pode ser mostrado como igual a:

R = (2π2mq4/h3).

Usando valores para **q**, **m** e **h** disponíveis em 1914, Bohr calculou:

R = 3.26 x 10^{15} ciclos/segundo, dentro de um pequeno percentual do valor de Balmer.

Bohr **derivara a fórmula de Balmer** (que era conhecida como capaz de dar todos os espectros de hidrogênio corretos) a partir de uma teoria física baseada em elétrons orbitando em volta do núcleo. Um resultado notável.

A partir de então, Bohr estava em condições de esboçar um diagrama da energia baseado em órbitas físicas no átomo para demonstrar como as várias séries espectrais se originavam. Será que o jovem dinamarquês resolvera o enigma da estrutura atômica? Será que esse modelo funcionaria — isto é, *preveria os espectros* — de todos os outros elementos?

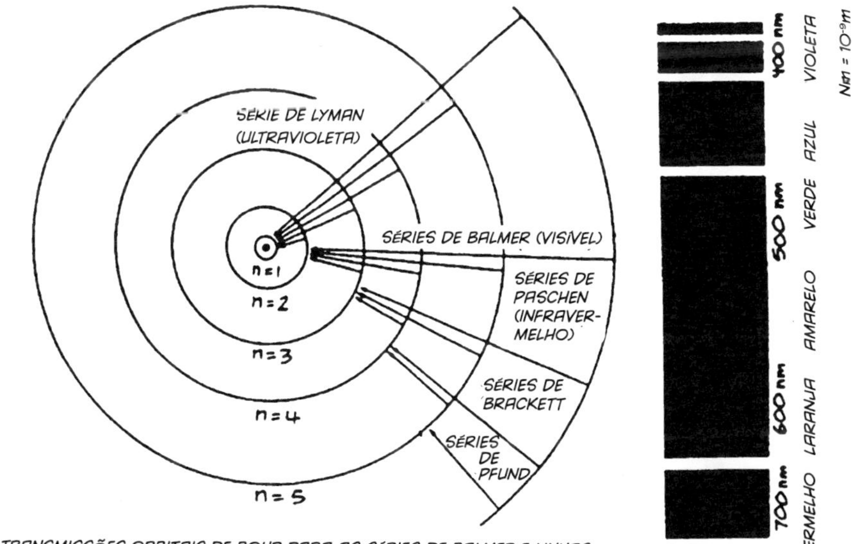

TRANSMISSÕES ORBITAIS DE BOHR PARA AS SÉRIES DE BALMER E LINHAS ESPECTRAIS CORRESPONDENTES

Olhar mais atento para os espectros... e mais linhas

E logo surgiram linhas espectrais extras, até mesmo no simples hidrogênio, e o modelo de Bohr ia sendo desafiado. Um vez que se tornaram disponíveis medidas mais exatas do hidrogênio, era óbvio que uma estrutura maior para o átomo se fazia necessária. A impressão era a de que eram possíveis mais estados para o elétron do que as simples órbitas circulares de Bohr — com apenas um número quântico — permitiriam. Mas um teórico renomado veio em seu socorro.

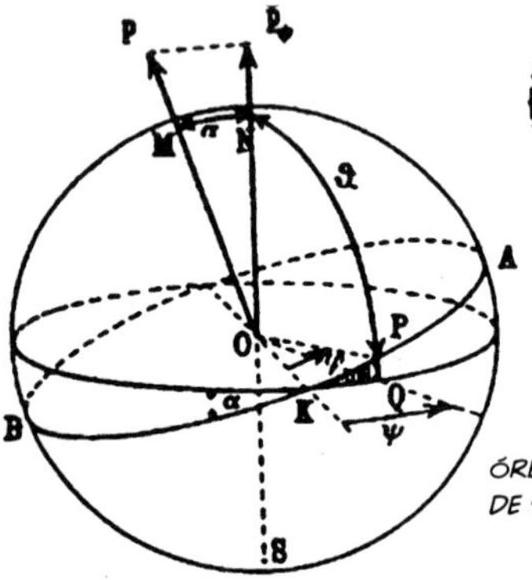
P
P
M
N
A
O
P
B
K
Q
α
ψ
S

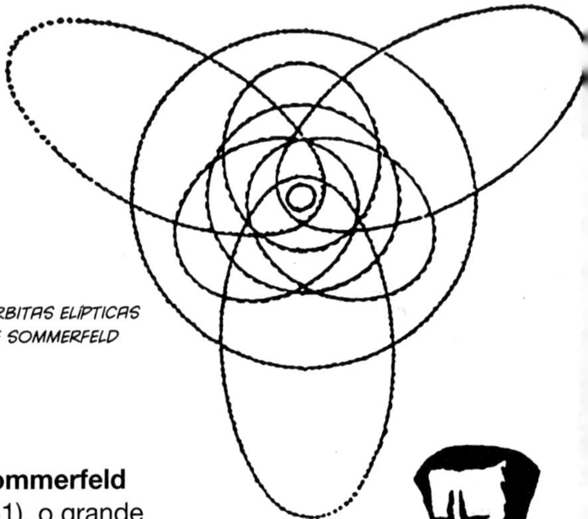

ÓRBITAS ELÍPTICAS DE SOMMERFELD

EU AMPLIEI AS IDEIAS DE BOHR AO CASO DAS ÓRBITAS ELÍPTICAS E EXPLIQUEI ESSES EFEITOS.

Arnold Sommerfeld (1868-1951), o grande teórico e professor de Munique.

NO FINAL DAS CONTAS, O ASPECTO MAIS GERAL DO MOVIMENTO ORBITAL É ELÍPTICO, SENDO O CÍRCULO UM CASO ESPECIAL.

Johannes Kepler (1571-1630) dera o mesmo exemplo para explicar os desvios da circularidade no movimento do planeta Marte à luz das medições acuradas de Tycho Brahe.

Acréscimo de outro número quântico, k

Apesar da irrupção da Primeira Guerra, circulavam secretamente, entre Munique e Copenhague, artigos nos quais Sommerfeld descrevia órbitas elípticas de forma diferente, mas com os mesmos valores de **n**.

ISSO RESULTOU EM DIFERENTES VALORES DE ENERGIA NOS ESTADOS ESTACIONÁRIOS COM TRANSIÇÕES DE ENERGIA LIGEIRAMENTE MAIORES OU MENORES... E AS MÚLTIPLAS LINHAS ESPECTRAIS RESULTANTES.

Outra vez, apenas alguns valores das formas da órbita eram possíveis. Outro número quântico foi introduzido, **k**... também quantizado em unidades de **h/2π**.

O efeito Zeeman... e mais linhas ainda

Já em 1890, o holandês **Pieter Zeeman** (1865-1943) mostrara as estranhas linhas espectrais que apareciam quando átomos agitados eram postos em um campo magnético. Uma teoria atômica verdadeira tinha de explicar esse fenômeno, que se tornou conhecido como o *efeito Zeeman*. Sommerfeld tinha uma resposta.

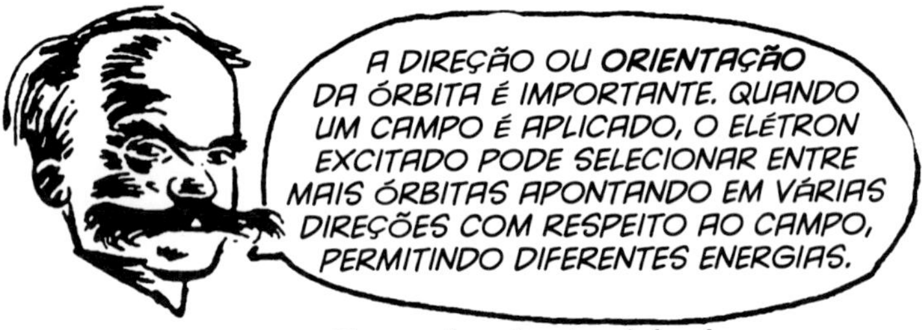
A DIREÇÃO OU **ORIENTAÇÃO** DA ÓRBITA É IMPORTANTE. QUANDO UM CAMPO É APLICADO, O ELÉTRON EXCITADO PODE SELECIONAR ENTRE MAIS ÓRBITAS APONTANDO EM VÁRIAS DIREÇÕES COM RESPEITO AO CAMPO, PERMITINDO DIFERENTES ENERGIAS.

CAMPO MAGNÉTICO DESLIGADO
CAMPO MAGNÉTICO LIGADO

Essas direções também foram quantizadas e então um número quântico magnético **m** foi adicionado. Sommerfeld fez isso de novo.

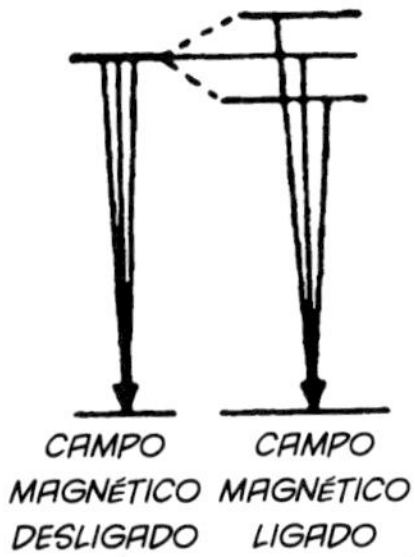
CAMPO MAGNÉTICO DESLIGADO
CAMPO MAGNÉTICO LIGADO

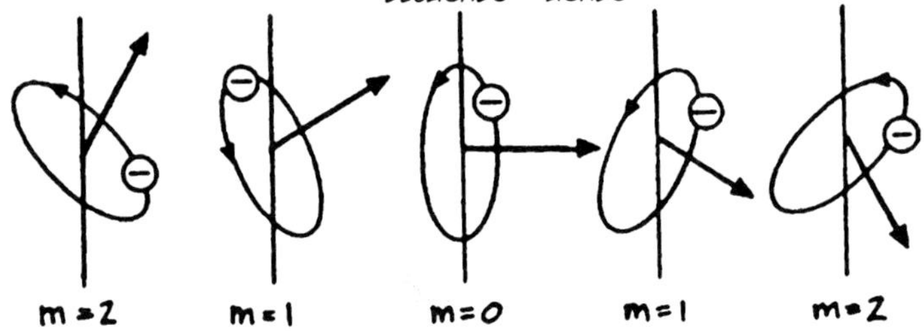
m=2
m=1
m=0
m=1
m=2

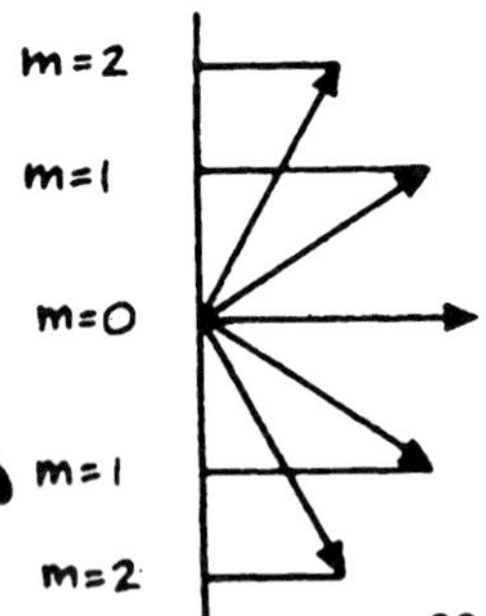
m=2
m=1
m=0
m=1
m=2

Em fevereiro de 1916, Einstein escreveu a Sommerfeld dizendo que considerava esses novos resultados “uma revelação”. Um mês depois, Bohr acrescentou: “Eu não me lembro de ter lido algo com tanta alegria antes de seu magnífico trabalho”.

Três números quânticos: n, k, m

Tendo os cálculos de Sommerfeld como apoio, Bohr desenvolveu uma série de regras de seleção para as transições atômicas com base em **três** números quânticos... o tamanho da órbita (**n**), a forma da órbita (**k**) e a direção para a qual a órbita aponta (**m**).

Cada estado de energia isolado podia agora ser atribuído a um conjunto diferente de números integrais, **n**, **k** e **m**, e as transições entre esses estados produziriam as linhas espectrais observadas.

OH, NÃO! ISSO NÃO VAI PARAR NUNCA?

Será, então, que o esquema de Bohr-Sommerfeld era suficiente para explicar todas as linhas observadas nos espectros de hidrogênio? Não, não completamente. Era necessário outro número quântico para esclarecer plenamente os efeitos magnéticos.

Wolfgang Pauli: o efeito Zeeman anômalo, rotação do elétron e o princípio de exclusão

A explicação da separação magnética das linhas espectrais, reportada por Zeeman em 1894, era um dos grandes êxitos das órbitas Bohr-Sommerfeld. Contudo, posteriormente, esses resultados magnéticos produziram mais linhas, e os físicos ficaram atônitos. E chamaram isso de efeito *Zeeman anômalo* (EZA).

MAS O EZA NÃO ERA COMPLETAMENTE ANÔMALO. ELES SIMPLESMENTE NÃO CONSEGUIAM ENTENDÊ-LO.
D₁
D₂

Em 1924-1925, todos estavam encantados com o EZA, menos o teórico suíço **Wolfgang Pauli** (1900-1958). Na verdade, esse efeito o incomodava tanto que inspirou uma das muitas histórias que as pessoas espalhavam sobre ele, a maioria delas provavelmente verdadeira.

Pauli aceitara um convite para trabalhar com Bohr em Copenhague e escreveu dois artigos sobre o EZA, sem ficar satisfeito com nenhum dos dois. Durante essa estada durante 1922 e 1923, ele se demonstrava quase sempre deprimido e agitado com a falta de progresso nessa questão. Um dia, um colega encontrou Pauli vagando sem destino pelas belas ruas de Copenhague...

VOCÊ PARECE TÃO INFELIZ, PAULI! QUAL É O PROBLEMA?
COMO ALGUÉM PODE EVITAR O DESÂNIMO QUANDO COMEÇA A PENSAR NO EFEITO ZEEMAN ANÔMALO?

Pauli começou seus estudos em sua Viena natal, onde, ainda adolescente, já se demonstrava avançado em matemática e em física. Em 1918, ele se matriculou na Universidade de Munique e, estimulado por seu professor, Sommerfeld, publicou um artigo sobre a relatividade geral que se tornou legendário quando Einstein escreveu: *Todos aqueles que estudarem esse trabalho maduro e magnificamente concebido não acreditarão que seu autor tem apenas 21 anos.*

O efeito Pauli

Pauli fez sua tese de doutorado sob a orientação de Sommerfeld em 1921 sobre a teoria quântica do hidrogênio ionizado. Depois, atuou durante um semestre como assistente de Born em Göttingen e, depois, foi para Hamburgo como *privatdozent*. É desse período que data as primeiras ocorrências do *efeito Pauli* (que não deve ser confundido com o *princípio de Pauli*)...

Toda vez que ele entrava em um laboratório, algo dava errado com os instrumentos experimentais! (Efeito Pauli.)

Era fato admitido por todos que os teóricos eram incompetentes para fazer experimentos. Mas Pauli era um teórico tão *excepcional* que sua simples aparição punha os equipamentos em parafuso. Ele relataria em tom jocoso que seu amigo de Hamburgo, o muito respeitado experimentalista **Otto Stern** (1888-1969), só o consultava através da porta fechada de seu laboratório.

O efeito Zeeman anômalo — que tanto incomodara Pauli em Copenhague —, por fim, levou Pauli a ser imortalizado como um dos maiores cooperadores da teoria quântica.

A "rotação oculta" de Pauli e o elétron giratório

Pauli levantou a hipótese de que uma **rotação oculta** produz o momento angular extra responsável pelo EZA. Ele propôs um **quarto** numérico quântico com **dois** valores, justamente o que era necessário para explicar o desconcertante EZA.

MAS NÃO TENHO UMA IMAGEM CONCRETA DESSE PROCESSO DE ROTAÇÃO OCULTA.
TALVEZ O ELÉTRON ESTEJA GIRANDO... COMO A TERRA SOBRE SEU PRÓPRIO EIXO E EM TORNO DO SOL?
ISSO É, SEM DÚVIDA, MUITO ENGENHOSO, MAS NATURALMENTE NÃO TEM NADA A VER COM A REALIDADE.

Enquanto isso, dois jovens físicos holandeses, **George Uhlenbeck** e **Sam Goudsmit**, tiveram a mesma ideia. Seu professor, **Paul Ehrenfest**, era mais compreensivo e enviou o artigo deles para ser publicado.

A SEPARAÇÃO DE LINHA EXCEDENTE NÃO SE DEVE A NENHUM NÚMERO QUÂNTICO ADICIONAL PARA O ELÉTRON EM SUA ÓRBITA...
E SIM AO FATO DE O PRÓPRIO ELÉTRON ESTAR GIRANDO.
E FOI ASSIM QUE ELES GANHARAM UM PRÊMIO NOBEL!

Logo ficou demonstrado que os misteriosos resultados do EZA deviam-se à rotação dos elétrons, que lhes conferia um momento angular extra.

COMO SÓ EXISTEM DUAS DIREÇÕES POSSÍVEIS DE ROTAÇÃO – NO SENTIDO HORÁRIO (ASCENDENTE) OU ANTI-HORÁRIO (DESCENDENTE)...
ESSAS ERAM JUSTAMENTE AS "DUAS VALORAÇÕES" QUE EU ESTIMARA, A PISTA FINAL PARA MINHA COMPREENSÃO DA ESTRUTURA DOS ÁTOMOS.

Havia um aspecto perturbador da descoberta da rotação que tem de ser mencionado, visto que ele leva de maneira inevitável à nova teoria quântica que se seguirá um ano depois. O momento angular do elétron giratório foi estabelecido em apenas **metade do valor normal h/2π das órbitas atômicas**, a assim chamada **meia rotação**.

Esse é outro exemplo do conceito semiclássico que não funciona muito bem (por exemplo, o elétron teria de girar *duas vezes* antes de voltar a seu ponto de partida!)

O princípio de exclusão de Pauli

O enigma inicial da estrutura atômica fora: por que todos os elétrons simplesmente não caem no mesmo estado base? Para explicar por que isso não acontece, Pauli propôs que cada estado atômico (um conjunto de três números quânticos) continha **dois** elétrons e necessitava de sua própria órbita exclusiva. A isso foi dado o criativo título de *quantização do espaço.*

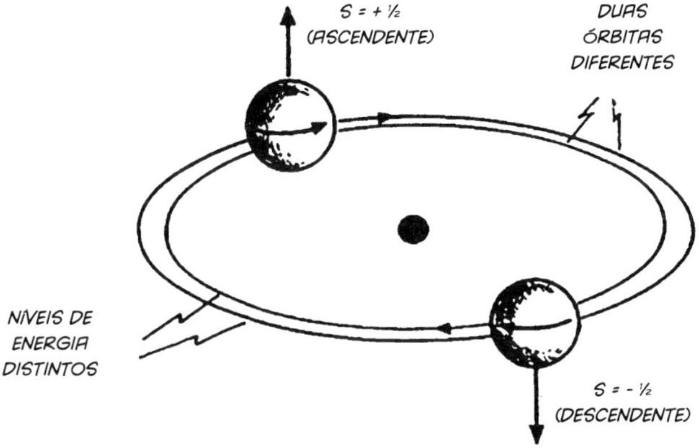
S = + ½
(ASCENDENTE)
DUAS ÓRBITAS DIFERENTES
NÍVEIS DE ENERGIA DISTINTOS
S = - ½
(DESCENDENTE)

Agora, com o conceito de rotação duplamente valorado, Pauli estava em condições de fazer o pronunciamento final sobre seu **princípio de exclusão...**

CADA ESTADO QUÂNTICO NO ÁTOMO NÃO ESTÁ LIMITADO A DOIS ELÉTRONS, MAS APENAS A UM. PORTANTO, EXISTEM QUATRO NÚMEROS QUÂNTICOS, CONSIDERANDO O ASCENDENTE E O DESCENDENTE, PARA CADA NÍVEL DISTINTO DE ENERGIA.
SE UM ESTADO ESTÁ OCUPADO, O PRÓXIMO ELÉTRON DEVE IR PARA UM ESTADO DE ENERGIA MAIS ALTO E VAZIO, PREENCHENDO ASSIM OS ESTADOS VAZIOS DA ENERGIA DO MAIS BAIXO PARA O MAIS ALTO. É ISSO O QUE IMPEDE O ÁTOMO DE DECAIR PARA SEU ESTADO MAIS BAIXO OU **ESTADO BASE** E CONFERE A CADA ELEMENTO SUA ESTRUTURA CARACTERÍSTICA.
O FATO DE OS ELÉTRONS NÃO PODEREM TODOS FICAREM UNS SOBRE OS OUTROS É O QUE FAZ MESAS E COISAS DO TIPO SEREM SÓLIDOS.

Diferentemente de sua hipótese anterior para explicar o EZA, restrita aos elétrons (ou *valências*) exteriores, Pauli nesse momento propunha que esse princípio fosse aplicado a **todos** os elétrons e a **todos** os átomos. Com esse princípio simples, mas profundo, os estados quânticos de cada átomo poderiam ser então construídos, e a forma da tabela periódica dos elementos poderia ser entendida a partir desses primeiros princípios.

A tabela periódica: Mendeléev

A periodicidade dos elementos era conhecida desde os anos 1890, quando o russo **Dimitri Mendeléev** (1834-1907) inventou um apoio visual para os estudantes com dificuldade em química orgânica.

EU HAVIA ENTENDIDO QUE AS PROPRIEDADES QUÍMICAS DOS ELEMENTOS SE REPETIAM SE FOSSEM ORDENADAS EM UMA TABELA DE FILEIRAS E COLUNAS SEGUNDO SEU NÚMERO ATÔMICO CRESCENTE.

ОПЫТЪ СИСТЕМЫ ЭЛЕМЕНТОВЪ,

ОСНОВАННОЙ НА ИХЪ АТОМНОМЪ ВѢСѢ И ХИМИЧЕСКОМЪ СХОДСТВѢ.

			Ti=50	Zr=90	?=180.
			V=51	Nb=94	Ta=182.
			Cr=52	Mo=96	W=186.
			Mn=55	Rh=104,4	Pt=197,4.
			Fe=56	Ru=104,4	Ir=198
			Ni=Co=59	Pl=106,6	Os=199.
H=1			Cu=63,4	Ag=108	Hg=200
	Be=9,4	Mg=24	Zn=65,2	Cd=112	
	B=11	Al=27,4	?=68	Ur=116	Au=197?
	C=12	Si=28	?=70	Sn=118	
	N=14	P=31	As=75	Sb=122	Bi=210?
	O=16	S=32	Se=79,4	Te=128?	
	F=19	Cl=35,5	Br=80	I=127	
Li=7	Na=23	Ca=40	Sr=87,6	Ba=137	Pb=207.
		?=45	Ce=92		
		?Er=56	La=94		

Essa periodicidade manteve-se como um mistério até que o princípio de exclusão de Pauli, em 1925, trouxe uma explicação verdadeiramente fundamental. Contudo, Niels Bohr o explicara antes da descoberta de Pauli, usando seu modelo orbital do átomo.

Explicação de Bohr para a tabela periódica

A tabela periódica, mais que a explicação dos espectros de Balmer, era a principal preocupação de Bohr quando ele começou seus estudos atomísticos em 1913. Ele se concentrou nisso com grande intuição física e com os detalhes de seu modelo orbital.

SUGERI QUE AS PROPRIEDADES QUÍMICAS E FÍSICAS DE UM ELEMENTO DEPENDEM DO MODO COMO OS ELÉTRONS ESTÃO ORDENADOS EM TORNO DO NÚCLEO.
REPRESENTEI OS ELÉTRONS COMO SE ESTIVESSEM AGRUPADOS EM CAMADAS OU NÍVEIS.

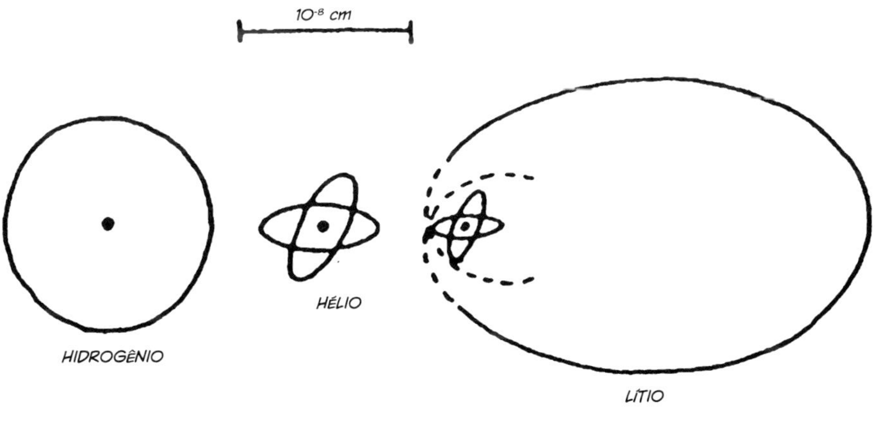
10^{-8} cm
HIDROGÊNIO
HÉLIO
LÍTIO

Cada nível só pode conter determinado número de elétrons, e as propriedades químicas dependem do fato de ela estar quase cheia ou vazia. Por exemplo, camadas cheias são associadas à estabilidade química. Desse modo, as camadas de elétrons nos gases inertes (hélio, neon, argônio etc.) são consideradas completamente preenchidas.

Bohr começou pela observação de que o elemento hidrogênio (com um elétron) e o lítio (com três elétrons) são quimicamente semelhantes. Ambos têm valência 1 e ambos entram em composições de tipo similar, por exemplo, cloreto de hidrogênio, HCl, e cloreto de lítio, LiCl.

CARBONO
DIANTE DESSA SIMILARIDADE, ESPECULEI QUE DOIS DOS TRÊS ELÉTRONS DO ÁTOMO DE LÍTIO ESTÃO RELATIVAMENTE PRÓXIMOS DO NÚCLEO, MAS QUE O TERCEIRO ELÉTRON ESTÁ EM UMA ÓRBITA EXTERIOR AO SISTEMA INTERNO.
NEON
ARGÔNIO
SÓDIO

Desse modo, o átomo de lítio pode ser, *grosso modo*, retratado como semelhante ao átomo de hidrogênio. Essa estrutura física similar é, então, a razão para o comportamento químico similar. Então, o primeiro nível tem dois elétrons e o terceiro elétron vai para o próximo nível — o externo.

Camadas fechadas e gases inertes

O sódio (com onze elétrons) é o próximo elemento na tabela periódica com propriedades químicas aproximadas às do hidrogênio e do lítio. Essa similaridade sugere que o átomo de sódio também seja *semelhante ao hidrogênio*, tendo um núcleo central em torno do qual gira um elétron. No caso do sódio, o décimo primeiro elemento deve estar em uma camada externa, de maneira que o segundo nível tem oito elétrons.

O MESMO ARGUMENTO UNCIONA PARA O POTÁSSIO (COM DEZENOVE ELÉTRONS), OUTRA VEZ IMAGINANDO UM ENTRO INTERIOR DE DEZOITO ELÉTRONS E UM ÚNICO ELÉTRON FORA DELE.
HÁ, ENTÃO, 2, 10 E 18 ELÉTRONS OCUPANDO RESPECTIVAMENTE OS NÍVEIS INTERNOS FECHADOS, CORRESPONDENTES À ESTRUTURA DOS GASES INERTES, HÉLIO, NEON E ARGÔNIO.
VISTO QUE ESSES GASES TÊM CAMADAS COMPLETAS, ELES SÃO QUIMICAMENTE ESTÁVEIS E, CONSEQUENTEMENTE, NÃO REATIVOS OU INERTES.
Mg
IIIA
IVA
IB
IIB
21 Sc
22 Ti
23 V
28 Ni
29 Cu
30 Zn
Co
Ca
38 Sr
39 Y
40 Zr
41 Nb
Rh
46 Pd
47 Ag
48 Cd
56 Ba
57 La
72 Hf
73 Ta
77 Ir
78 Pt
79 Au
80 Hg
88 Ra
89 Ac
104 Unq
105 Unp

Essas ideias qualitativas levaram Bohr a um retrato consistente dos elétrons, ordenados em grupos, ou níveis, em torno do núcleo. Hidrogênio, lítio, sódio e potássio têm, cada um, um só elétron em torno de um centro que é muito semelhante ao elemento anterior, um gás inerte. Pressupõe-se que esse elétron externo seja facilmente envolvido pelos átomos próximos, e isso corresponde aos fatos.

Bohr levou a cabo uma análise completa dessas linhas e, em 1921, propôs a forma da tabela periódica mostrada abaixo. A tabela de Bohr é útil ainda hoje, como um exemplo de como a física teórica pode fornecer uma base plausível para entender química.

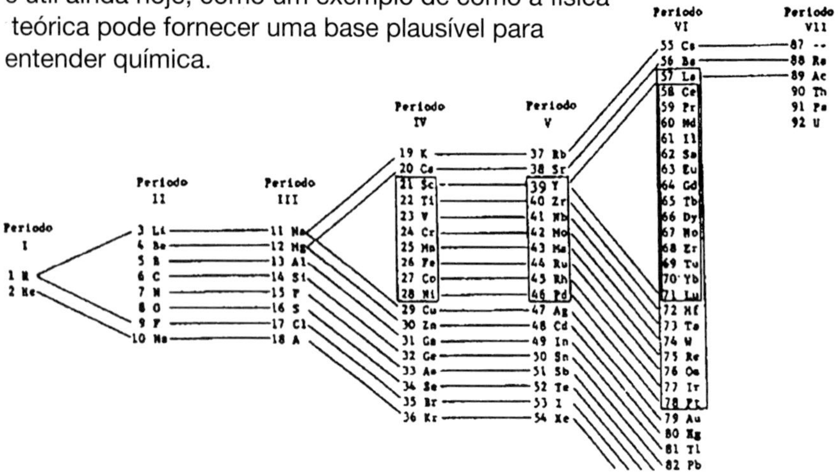

Mas foi Pauli quem deu a base fundamental ao mapa periódico "físico" de Bohr. Seu princípio de exclusão (segundo o qual todo elétron deve ter seu próprio conjunto de números quânticos) produz automaticamente os números mágicos 2, 8, 18 etc., que Bohr imaginava para seus níveis. Esse é o primeiro indício do fato de que todo elétron de um átomo "sabe o endereço" de todo outro elétron e assume seu espaço único na estrutura atômica. (Voltaremos a falar dessa *conectividade* mais adiante.)

A tabela abaixo mostra como o princípio de exclusão gera os números mágicos (ou seja, como muitos elétrons estão em cada órbita ou nível). A extensão dos valores dos números quânticos **k** e **m** pode ser inferida dos diagramas das p. 91-93. O quarto número quântico — determinado a partir do EZA — é **s**, o giro do elétron, que só pode ter valores **ascendentes** ou **descendentes**. Na tabela, os níveis de Bohr correspondem às órbitas designadas pelo princípio do número quântico **n**.

	n	k possível	**m** possível	**s** possível	total de estados
1º nível	1	1	0	± 1/2	2 = 2
	2	1	0	± 1/2	2
2º nível	2	2	- 1, 0, 1	± 1/2	6 = 8
	3	1	0	± 1/2	2
3º nível	3	2	- 1, 0, 1	± 1/2	6 = 18
	3	3	-2, - 1, 0, 1, 2	± 1/2	10

A dualidade onda/partícula

Antes de embarcar em um modo radicalmente novo de ver os elétrons nos átomos, é importante entender as propriedades das ondas e analisar o paradoxo que mais perturba os físicos.

A natureza fundamental da radiação e da matéria é mais bem descrita por uma representação em ondas ou em partículas? Ou necessitamos das duas?

Para conhecer a origem da controvérsia **onda/partícula,** temos de retornar aos dias em que Isaac Newton e o físico holandês **Christian Huygens** (1629-1695) questionavam-se acerca da natureza da luz.

ESTOU SEGURO DE QUE A LUZ CONSISTE EM **PARTÍCULAS** OU, COMO EU OS CHAMO, CORPÚSCULOS.
AFIRMO QUE A LUZ CONSISTE EM **ONDAS** E PROPONHO UMA SIMPLES CONSTRUÇÃO GEOMÉTRICA QUE DÁ O RESULTADO CORRETO PARA A REFLEXÃO, A REFRAÇÃO, A DIFRAÇÃO E A INTERFERÊNCIA.

Então, quem tem razão? E quais são os argumentos para uma teoria de luz como onda?

Propriedades das ondas

Pense em uma vibração transmitida ao longo de uma corda esticada e flexível. Esse é o tipo de movimento em onda mais simples.

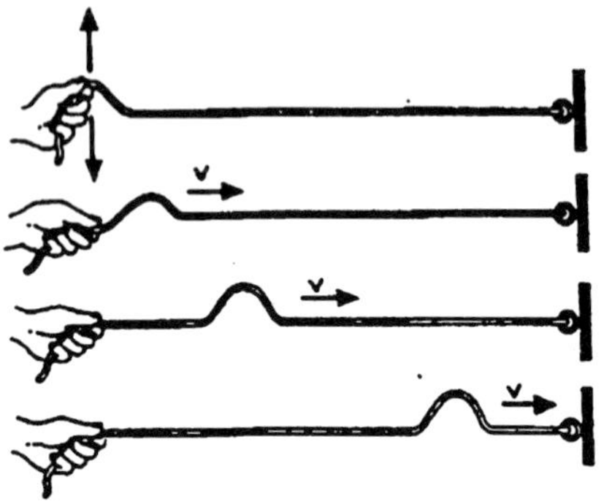

Agora, considere vibrações geradas em cada ponta da corda, circulando uma em direção à outra. O que acontece quando elas se superpõem demonstra uma propriedade importante e específica das ondas, chamada **superposição** (e que não ocorre com partículas).

Superposição

Se duas vibrações em uma corda deslocam-se através de um ponto singular ao mesmo tempo, o deslocamento total da corda é a soma dos deslocamentos individuais.

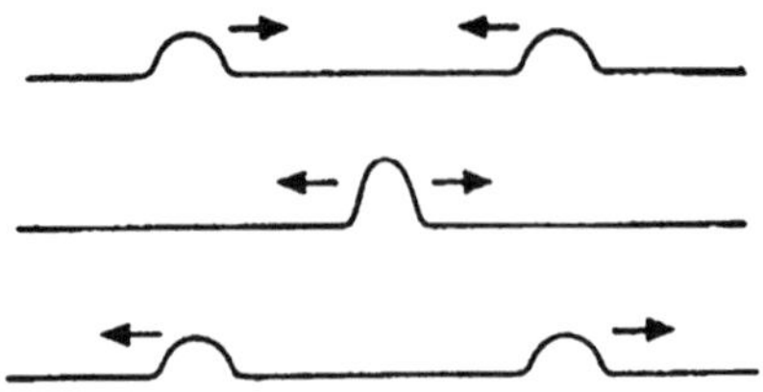

Note que as vibrações têm o mesmo tamanho e forma, mas polaridade oposta; no ponto comum, elas se cancelam completamente (a energia segue o movimento da corda) e uma atravessa a outra.

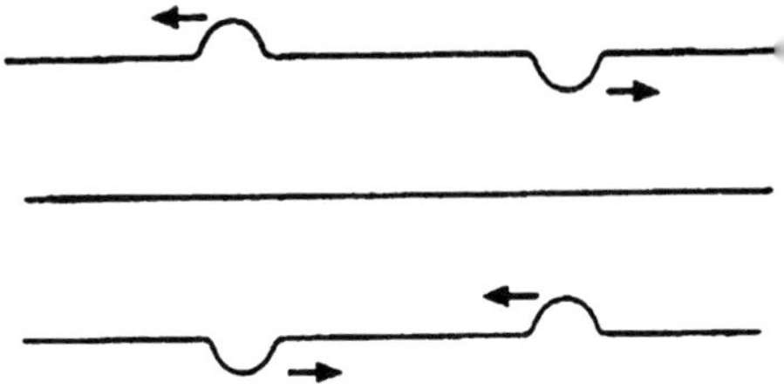

Ondas periódicas

Ondas periódicas ocorrem se uma vibração se segue a outra em uma sucessão regular. Ondas sonoras, ondas aquáticas e ondas de luz são todas periódicas.

Velocidade da onda

A velocidade (**v**), o comprimento da onda (**λ**) e a frequência (**f**) da onda estão relacionadas de maneira muito simples: v = **f x λ**. Isso é óbvio pelo fato de que a frequência é o número de ondas por segundo e **λ** é o comprimento da onda.

Interferência: o experimento da fenda dupla

Considere o experimento clássico da fenda dupla. Se duas ondas periódicas idênticas chegam ao mesmo ponto fora da fase, isto é, separados por **exatamente meio comprimento de onda**, a **interferência destrutiva** ocorre e as ondas se anulam (no caso da luz, por exemplo, um ponto cego ocorre). Se a separação for **exatamente de um comprimento de onda inteiro, uma interferência construtiva** ocorre e um ponto brilhante aparece (sempre no caso da luz).

O experimento da fenda dupla foi reportado pela primeira vez por **Thomas Young** (1773-1829) em 1801. Sua demonstração da interferência por linhas brilhantes e escuras alternadas foi tomada como uma prova clara de que a natureza da luz é ondulatória. Veja você mesmo o esboço original de Young reproduzido aqui.

DESENHO ORIGINAL DE YOUNG MOSTRANDO A INTERFERÊNCIA. O DESENHO PODE SER MAIS BEM VISUALIZADO SE VOCÊ APROXIMAR SEU OLHO DA MARGEM DIREITA E OBSERVAR EM UM ÂNGULO DE VARREDURA.

INTERFERÊNCIA DE DUPLA FENDA

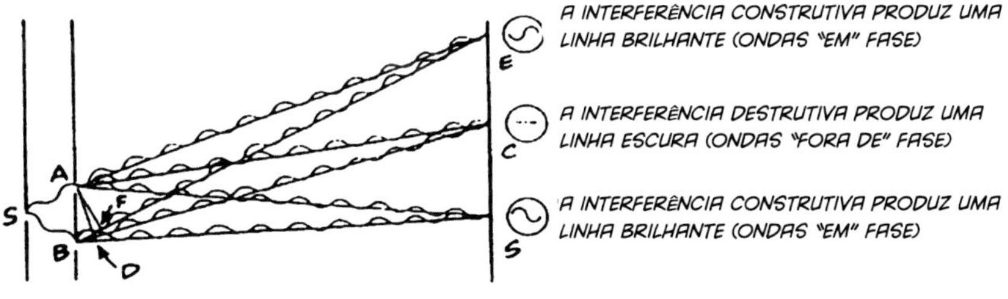
A
S
F
B
D
E
C
S
A INTERFERÊNCIA CONSTRUTIVA PRODUZ UMA LINHA BRILHANTE (ONDAS "EM" FASE)
A INTERFERÊNCIA DESTRUTIVA PRODUZ UMA LINHA ESCURA (ONDAS "FORA DE" FASE)
A INTERFERÊNCIA CONSTRUTIVA PRODUZ UMA LINHA BRILHANTE (ONDAS "EM" FASE)

Difração e interferência

Difração, a dobra das ondas em volta de uma margem, também pode causar padrões de interferência. Quando um ponto fonte de luz (ou qualquer outro tipo de onda) passa por um pequeno buraco circular de tamanho semelhante ao comprimento de onda, a difração das margens da abertura expande a luz em um disco largo e a interferência ocorre.

O padrão está registrado na fotografia. Embora os percursos da luz sejam mais complicados do que no experimento da fenda dupla, os princípios são os mesmos. Voltaremos a ver esse padrão, a prova decisiva das ondas.

Adicionalmente a esses efeitos de interferência, provas ulteriores da natureza da luz como onda foram reportadas pela teoria da onda eletromagnética de Maxwell, em 1865. Os físicos clássicos do século XIX estavam satisfeitos. A luz consistia em ondas.

Einstein... uma voz solitária

Mas quando o século XX despontou, o jovem Einstein reintroduziu a ideia de corpúsculos para explicar o efeito fotoelétrico (veja p. 44). Poucos anos depois, em 1909, ele aplicou seu poderoso novo método das flutuações estatísticas à lei do corpo negro de Planck e demonstrou que dois resultados distintos apareciam, apontando para uma dualidade...

EM MINHA OPINIÃO, A PRÓXIMA FASE DE DESENVOLVIMENTO DA FÍSICA TEÓRICA NOS LEVARÁ A UMA TEORIA DA LUZ QUE PODE SER INTERPRETADA COMO UM TIPO DE FUSÃO DAS TEORIAS DA ONDA E DA PARTÍCULA.
SOCOOOOOOOOOO

Einstein estava sozinho em sua inquietação diante desse problema. Ninguém acreditava em *fótons*. Não era a primeira vez que ele estava à frente de seus contemporâneos lidando com certa ambiguidade da teoria quântica, pelo menos no que se referia à radiação da luz.

Mas nem mesmo ele estava preparado para o choque que veio de Paris em 1924. Felizmente, ele foi imediatamente contatado. Sua opinião era urgentemente necessária.

Um príncipe francês descobre as ondas de matéria

Em 1923, um estudante da Sorbonne, em Paris, o príncipe **Louis De Broglie** (1892-1987) introduziu a assombrosa ideia de que as partículas podem exibir propriedades ondulatórias. De Broglie fora muito influenciado pelos argumentos de Einstein de que a dualidade pode ser necessária para que possamos entender a luz.

Em sua tese de doutorado de 1924, De Broglie escreveu...

...TEM-SE A IMPRESSÃO DE QUE A IDEIA BÁSICA DA TEORIA QUÂNTICA É A IMPOSSIBILIDADE DE IMAGINAR UMA QUANTIDADE ISOLADA DE ENERGIA SEM ASSOCIÁ--LA A DETERMINADA FREQUÊNCIA...
CONTUDO, É DIFÍCIL ENTENDER EXATAMENTE O SENTIDO FÍSICO DA FREQUÊNCIA NA EQUAÇÃO DE EINSTEIN...
E = (h) x (f)
ENERGIA É IGUAL À CONSTANTE DE PLANCK VEZES FREQUÊNCIA.
MAS, APAREN-TEMENTE, ELA DESCREVE CERTO PROCESSO "CÍCLICO" INTERNO.

Ele ficou profundamente impressionado com as partículas de luz de Einstein, que poderiam provocar o efeito fotoelétrico (expulsão de elétrons de um metal), enquanto tentava conciliar essa informação "periódica" para produzir efeitos de interferência em um contexto diverso, como o experimento da fenda dupla.
Foi quando explodiu a bomba. Na primeira parte de sua tese, De Broglie propôs um dos grandes princípios unificadores de toda a física...

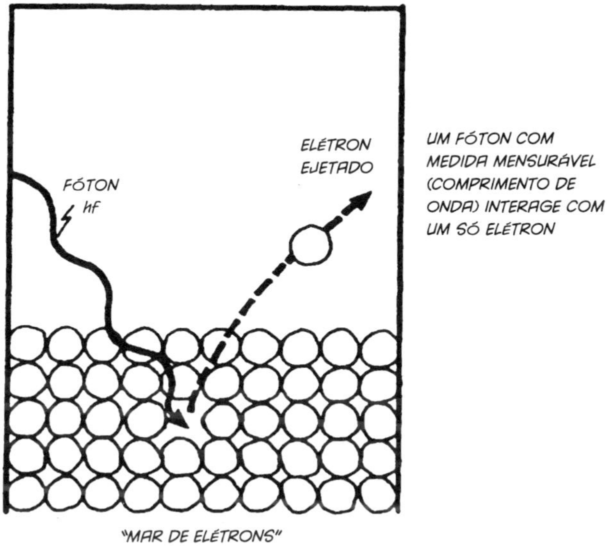
ELÉTRON EJETADO
FÓTON hf
UM FÓTON COM MEDIDA MENSURÁVEL (COMPRIMENTO DE ONDA) INTERAGE COM UM SÓ ELÉTRON
"MAR DE ELÉTRONS"

ESTOU CERTO DE QUE A DUALIDADE ONDA/ PARTÍCULA DESCOBERTA POR EINSTEIN EM SUA TEORIA DOS QUANTA DE LUZ É ABSOLUTAMENTE GERAL E SE APLICA A TODO O MUNDO FÍSICO.
PARA MIM, ESTÁ CLARO QUE A PROPAGAÇÃO DE UMA ONDA ESTÁ ASSOCIADA AO MOVIMENTO DE ALGUM TIPO DE PARTÍCULA... FÓTON, ELÉTRON, PRÓTON OU QUALQUER OUTRA.

Uma onda associada

De Broglie atribuiu uma frequência, não diretamente a um comportamento periódico interno à partícula (como ele imaginava o fóton de Einstein), mas a **uma onda que acompanhava a partícula através do espaço e do tempo**, de um modo que a fazia estar sempre em fase com o processo "interno".

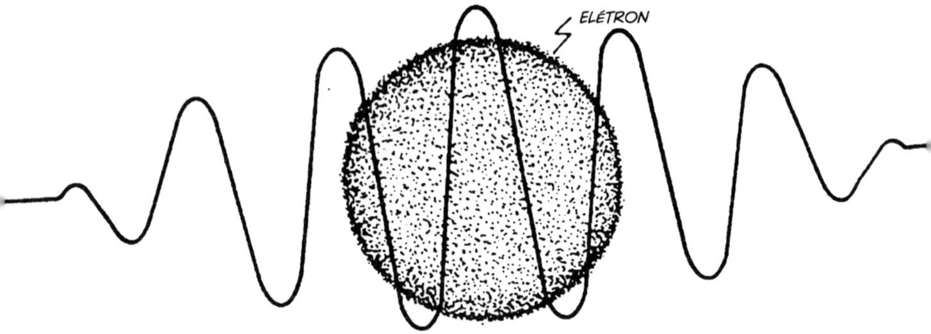
ELÉTRON

CHAMO ESSAS ONDAS DE "PILOTO", QUE GUIAM A PARTÍCULA EM SEU DESLOCAMENTO.

Essas ondas poderiam ser detectadas de algum modo? Em outros termos, essas ondas misteriosas têm alguma relação possível com o **movimento real da partícula** e podem ser medidas?

Sim, disse De Broglie, essas ondas não são simplesmente abstrações. O resultado fisicamente significativo das novas ideias radicais é que há duas velocidades associadas com as ondas *piloto*.

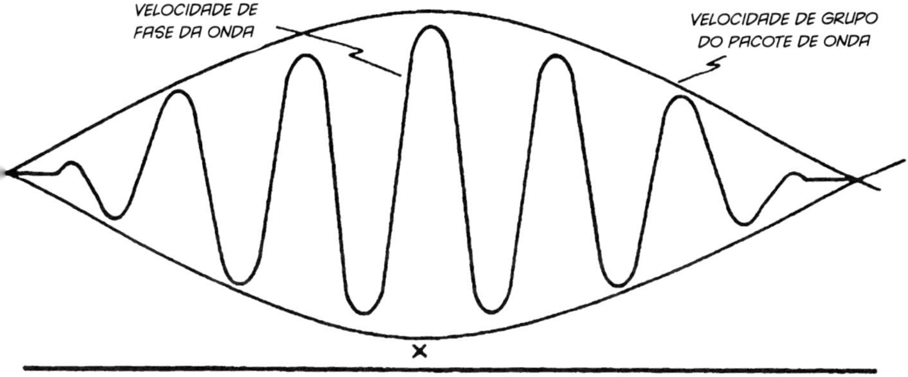

VELOCIDADE DE FASE DA ONDA
VELOCIDADE DE GRUPO DO PACOTE DE ONDA
X

UM PACOTE DE ONDA ESPALHA-SE EM UMA DISTÂNCIA X

UMA É A VELOCIDADE DE FASE — A RAPIDEZ COM QUE SE MOVIMENTA A CRISTA DA ONDA — E A SEGUNDA É A VELOCIDADE DE GRUPO — A RAPIDEZ DAS REGIÕES DE REFORÇO FORMADAS QUANDO MUITAS ONDAS ESTÃO SUPERPOSTAS.

De Broglie identificou a velocidade de grupo com a de uma partícula e demonstrou que a região de reforço exibe todas as propriedades mecânicas — tais como energia e força — normalmente associadas com uma partícula. (Isso se parece com o modo com que uma **vibração** é produzida pela superposição de muitas ondas de diferentes frequências.)

Conclusões dramáticas

Mais conclusões dramáticas estavam a caminho quando ele escreveu as relações matemáticas simples para descrever essas ideias, que eram baseadas em uma analogia com os fótons.

Ele começou com a famosa equação de Einstein, $\mathbf{E = mc^2}$ para o conteúdo de energia total de tudo. Nesse caso, fótons...

$$E = mc^2 = (mc)(c)$$

Agora, observe a série de substituições feitas por De Broglie...

Dado que **mc** é exatamente massa vezes velocidade, a *força*, **p**, de um fóton...

$$E = (p)\,(c) = (p)\,(f\lambda)$$

Usando c (velocidade) = **f** (frequência) x **λ** (comprimento de onda) para as ondas.

Equacionando **E = h f** da relação Planck/Einstein com a expressão acima, obtemos:

$$(h)\,(f) = (p)\,(f\lambda)$$

e um cálculo simples dá... $h/p = \lambda$ (fótons).

ISSO SIGNIFICA QUE, SE O COMPRIMENTO DE ONDA DA LUZ FOR ***DIMINUÍDO***, A FORÇA DOS FÓTONS DE LUZ INDIVIDUAL ***AUMENTA***.

ESSE É UM RESULTADO MUITO IMPORTANTE E SERÁ USADO PARA DEMONSTRAR COMO HEISENBERG EXPLICOU SEU **PRINCÍPIO DA INCERTEZA**, AO QUAL IREMOS DIRETAMENTE AQUI. SEU FORMALISMO É SIMPLES, SEU CONCEITO, PROFUNDO.

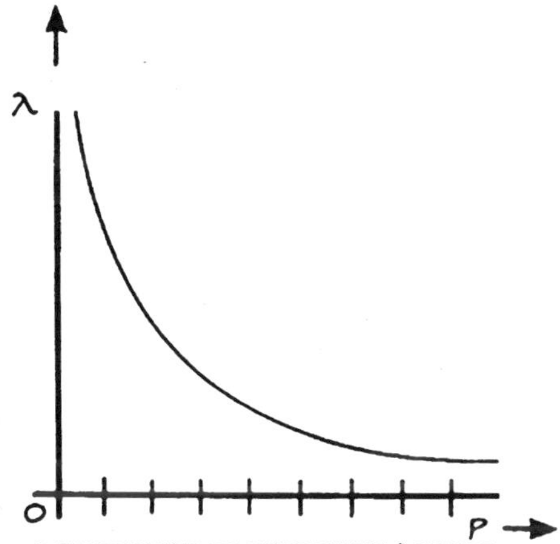
λ
0
P

O COMPRIMENTO DA ONDA DIMINUI À MEDIDA QUE A FORÇA AUMENTA

Por analogia direta, De Broglie propôs que essa relação era verdadeira não apenas para os **fótons**, mas para os **elétrons**... e para todas as partículas.

$$\lambda = h/p \ldots$$

ou (comprimento de onda) = (constante de Planck dividida pela força).

Para os elétrons, a

Força P = (m) (v) = (massa) (velocidade)

pode facilmente ser determinada em uma situação experimental e o *comprimento de onda* poderia, portanto, ser previsto a partir da equação de De Broglie.

Para muitos físicos, o conceito parecia ilógico. O elétron era uma **PARTÍCULA**, conhecida pelos físicos clássicos desde a descoberta de J. J. Thomson em 1897!

Uma tese surpreendente

Essas ideias surpreenderam e confundiram a banca examinadora da Universidade de Paris, em 1924, quando De Broglie apresentou sua tese, intitulada *Investigações sobre a teoria quântica*. A banca incluía o eminente físico **Paul Langevin** (1872-1946), que, felizmente, solicitara uma cópia previamente a De Broglie e a enviara a Einstein. Einstein leu a tese e informou Henrik Lorenz…

ACHO QUE A HIPÓTESE DE DE BROGLIE É O PRIMEIRO TÊNUE RAIO DE LUZ SOBRE O PIOR DE NOSSOS ENIGMAS FÍSICOS.
... DE BROGLIE LEVANTOU O GRANDE VÉU.

E apresentou à banca examinadora um comentário profundo.

A banca conferiu a De Broglie o grau de doutor.

Confirmação das ondas de matéria

Em poucos anos, todas as predições feitas por De Broglie foram experimentalmente confirmadas. É de se notar que, na defesa de suas teses contra um membro cético da banca examinadora, De Broglie realmente sugeriu…

AS ONDAS DE MATÉRIA DEVEM SER OBSERVÁVEIS EM EXPERIMENTOS DE DIFRAÇÃO EM CRISTAL, COMO AQUELES LEVADOS A CABO COM RAIOS-X.

Em uma estranha e irônica guinada, esses padrões de difração foram os primeiros a ser confirmados por **G. P. Thomson** (1892-1975) – provando a propriedade ondulatória dos elétrons.

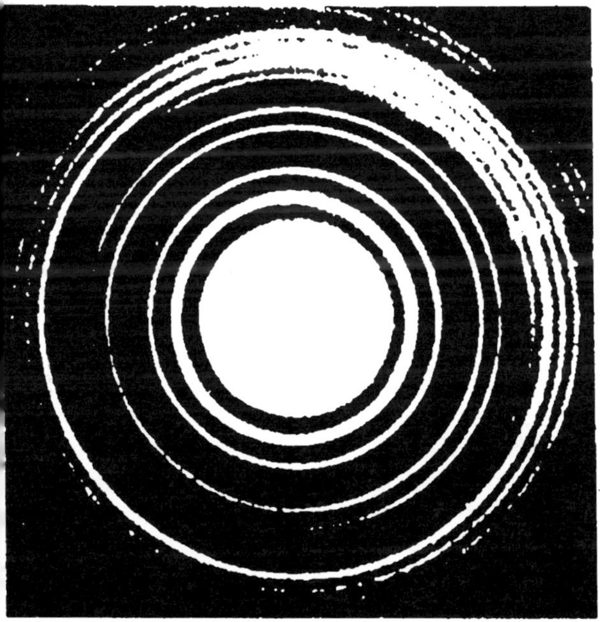

ISSO ACONTECEU CERCA DE TRINTA ANOS DEPOIS QUE MEU PAI, J. J. THOMSON, DEMONSTROU PELA PRIMEIRA VEZ A PROPRIEDADE DE PARTÍCULA DOS ELÉTRONS.

De Broglie tinha outra ideia muito interessante sobre as ondas de elétrons nos átomos… como veremos a seguir.

Ondas de elétrons nos átomos

QUANDO O ELÉTRON SE MOVE EM TORNO DE UM ÁTOMO, SUA ONDA ASSOCIADA É ESTACIONÁRIA, OU SEJA, EM UM PADRÃO DE ONDA ESTACIONÁRIA (VER P. 106), COMO UMA ONDA MOVENDO-SE AO LONGO DE UMA CORDA DE VIOLINO PRESA PELAS PONTAS.
NESSA SITUAÇÃO, APENAS DETERMINADAS FREQUÊNCIAS DISCRETAS SÃO PRODUZIDAS – A FUNDAMENTAL E SUAS SECUNDÁRIAS, COMO TODO BOM ESTUDANTE DE MÚSICA SABE.
2πr = nλ
2πr ≠ nλ
λ
r
λ
r

"ONDAS ESTACIONÁRIAS" DE ELÉTRONS EM UM ÁTOMO. APENAS ALGUNS COMPRIMENTOS DE ONDA CABERÃO EM TORNO DE UM CÍRCULO.

Isso é justamente aquilo de que Bohr necessitava em 1913 para seu postulado do átomo de hidrogênio (você se lembra do inexplicável fator **2π**?). Apenas encaixando um número inteiro das ondas de elétron ao longo da circunferência do átomo, usando as relações de De Broglie, Bohr poderia ter dado uma justificativa teórica completa para a quantização orbital. Veja, um pouco de álgebra...

$$n\lambda = 2\pi r$$ **(ondas estacionárias)**

$$n\,(h/mv) = 2\pi r$$ **(usando a equação de De Broglie)**

$$n\,(h/2\pi) = m\,v\,r$$ **(postulado quântico orbital)**

A condição quântica de Bohr deixa de ser um **postulado** para ser uma realidade...

Visualizando o átomo: a "velha teoria quântica"

A "velha teoria quântica", resultante do modelo orbital de Bohr para o átomo e de suas modificações feitas por Sommerfeld, poderia invocar alguns êxitos reais: o **espectro de hidrogênio**, ou seja, a derivação da fórmula de Balmer; os números quânticos e as **regras de seleção** dos estados de energia em um átomo; a **explicação da tabela periódica** dos elementos e o **princípio de exclusão** de Pauli.

MAS COMO DEVERÍAMOS PENSAR NO ELÉTRON NUM ÁTOMO DE HIDROGÊNIO... COMO UMA PARTÍCULA MINIMAMENTE CARREGADA, CIRCULANDO EM TORNO DO NÚCLEO, PULANDO DE UMA ÓRBITA RECONHECIDA PARA OUTRA?
OU COMO UMA ONDA REGULANDO SEU COMPRIMENTO O BASTANTE PARA CABER EXATAMENTE DENTRO DE UMA DAS ÓRBITAS, MONTANDO UM PADRÃO DE ONDA ESTACIONÁRIA COM SUA CARGA ELÉTRICA DISTRIBUÍDA DE ALGUM MODO EM TORNO DA CIRCUNFERÊNCIA?

Por enquanto, isso não tem importância. Necessitamos de ambas as concepções para continuar. Mas, com esse retrato ambíguo de onda e de partícula do elétron dentro do átomo, vamos nos aproximando da essência real subjacente à teoria quântica.

Tríplice nascimento da nova teoria quântica

Agora um relatório notável ao final de vinte e cinco anos de confusão. Durante os doze meses transcorridos entre junho de 1925 e junho de 1926, não um, não dois, mas **três** desenvolvimentos diferentes e independentes de uma teoria quântica completa foram publicados... demonstrando-se, então, como **equivalentes**.

O PRIMEIRO – A MECÂNICA MATRICIAL – POR WERNER HEISENBERG.
O SEGUNDO – A MECÂNICA ONDULATÓRIA – POR ERWIN SCHRÖDINGER.
O TERCEIRO – A ÁLGEBRA QUÂNTICA – POR PAUL DIRAC.

As páginas seguintes delinearão como essas descobertas foram feitas e o contexto que as possibilitou. A história começa com Bohr e seu novo discípulo, Werner Heisenberg.

Heisenberg, gênio e alpinista

Heisenberg (1901-1976) cresceu em Munique, onde seu pai era professor de grego na universidade local. Sempre muito interessado em percorrer trilhas pelas montanhas, Heisenberg tinha a sorte de estar em Munique, cidade situada no sopé dos Alpes bávaros. Ele era um estudante brilhante e um excelente pianista. No ensino médio, ele mergulhara, por iniciativa pessoal, em estudos de física independentes.

No outono de 1920, imediatamente depois de ter se matriculado na Universidade de Munique para estudar física com Sommerfeld, ele conheceu Wolfgang Pauli. Era o início de uma amizade que duraria toda uma vida.

Pauli e Heisenberg estavam juntos em Göttingen, em junho de 1922, quando Heisenberg encontrou-se com Bohr pela primeira vez. Com apenas 20 anos e ainda trabalhando em sua tese de doutorado, Heisenberg levantou-se ao final de uma das conferências de Bohr para apresentar uma objeção, à qual Bohr respondeu com certa hesitação...

AO FINAL DA CONFERÊNCIA, BOHR APROXIMOU-SE E ME CONVIDOU PARA JUNTAR-ME A ELE NAQUELA TARDE EM UMA CAMINHADA PELA MONTANHA HAINBERG.
ESSA CAMINHADA TEVE REPERCUSSÕES PROFUNDAS EM MINHA CARREIRA DE CIENTISTA. TALVEZ SEJA MAIS APROPRIADO DIZER QUE MINHA CARREIRA CIENTÍFICA PROPRIAMENTE DITA SÓ COMEÇOU NAQUELA TARDE, QUANDO BOHR ME DISSE... **ÁTOMOS NÃO SÃO COISAS!**
CONVERSAMOS DURANTE UMAS TRÊS HORAS. E, PELA PRIMEIRA VEZ, EU VI QUE UM DOS FUNDADORES DA TEORIA QUÂNTICA ESTAVA PROFUNDAMENTE AFLITO COM SUAS DIFICULDADES. BOHR TIVERA UMA IMENSA INTUIÇÃO, RESULTANTE NÃO DA ANÁLISE MATEMÁTICA, MAS DA OBSERVAÇÃO DOS FENÔMENOS REAIS.
ELE PODIA PERCEBER UMA RELAÇÃO INTUITIVAMENTE, MAIS QUE DERIVÁ-LA FORMALMENTE.
Depois de voltar de sua caminhada, Bohr disse a seus amigos, acerca de Heisenberg…
HEISENBERG ENTENDE TUDO. AGORA, A SOLUÇÃO ESTÁ NAS MÃOS DELE. ELE VAI ENCONTRAR UMA SAÍDA PARA AS DIFICULDADES DA TEORIA QUÂNTICA.
Evidentemente, Bohr detectara imediatamente em Heisenberg um jovem físico com talentos excepcionais.

Mas Heisenberg tinha uma surpresa para Niels Bohr. Ele detestava as órbitas imaginárias do elétron no modelo atômico de Bohr…

OS ELÉTRONS NUNCA PODEM SER OBSERVADOS. DE QUE ADIANTA FALAR DE TRAJETOS DE UM ELÉTRON INVISÍVEL DENTRO DE MINÚSCULOS ÁTOMOS **INVISÍVEIS**?
SE UM ÁTOMO NÃO PODE SER VISTO, ENTÃO ELE NÃO É UM CONCEITO SIGNIFICATIVO.

Na primavera de 1925, Heisenberg deixou Copenhague e voltou para Göttingen, onde **Max Born** (1882-1970) transformara-o em *privatdozent** com apenas 22 anos! Na Alemanha, Heisenberg se aborrecia com dois irritantes: o pólen no ar e o problema das órbitas atômicas.

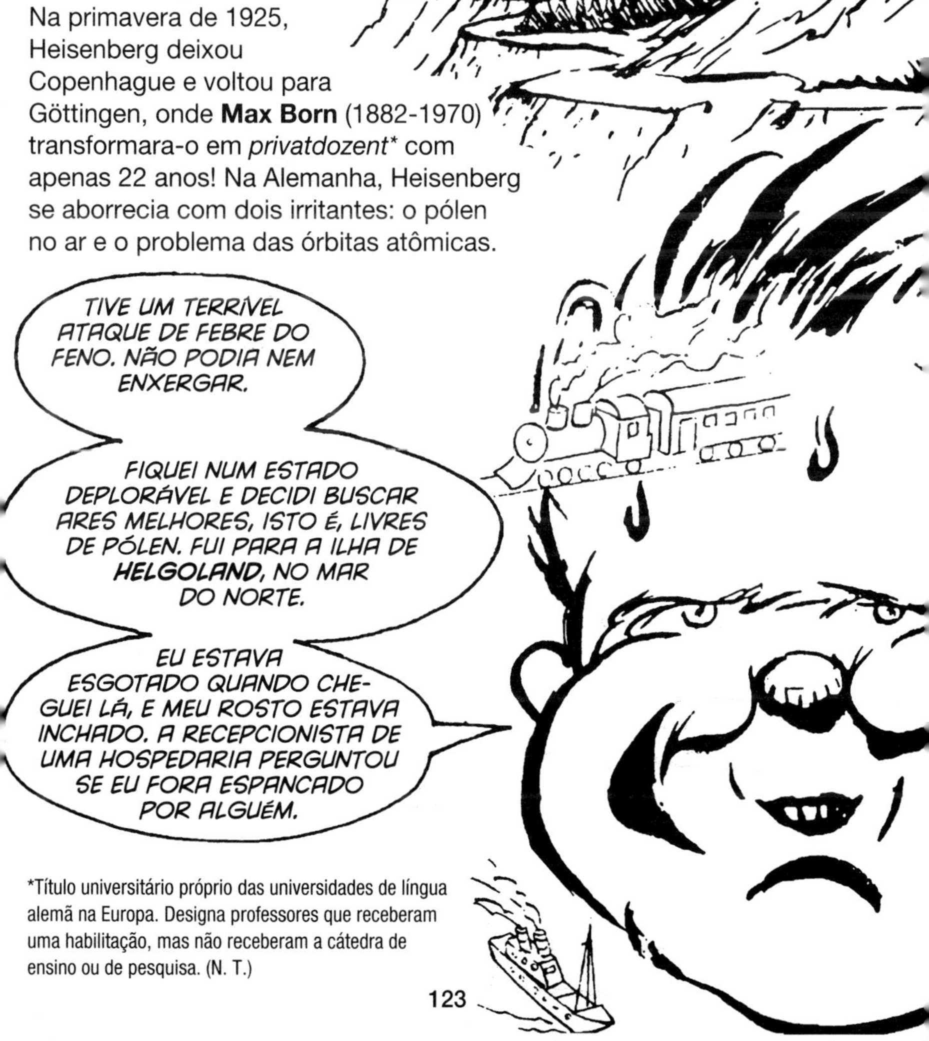
TIVE UM TERRÍVEL ATAQUE DE FEBRE DO FENO. NÃO PODIA NEM ENXERGAR.
FIQUEI NUM ESTADO DEPLORÁVEL E DECIDI BUSCAR ARES MELHORES, ISTO É, LIVRES DE PÓLEN. FUI PARA A ILHA DE **HELGOLAND**, NO MAR DO NORTE.
EU ESTAVA ESGOTADO QUANDO CHE-GUEI LÁ, E MEU ROSTO ESTAVA INCHADO. A RECEPCIONISTA DE UMA HOSPEDARIA PERGUNTOU SE EU FORA ESPANCADO POR ALGUÉM.

*Título universitário próprio das universidades de língua alemã na Europa. Designa professores que receberam uma habilitação, mas não receberam a cátedra de ensino ou de pesquisa. (N. T.)

Retrato do átomo de Heisenberg

Heisenberg pouco dormia, dividindo seu tempo entre inventar a mecânica quântica, escalar e decorar os poemas de Goethe. Ele estava tentando elaborar um **código** para ligar os números quânticos e os estados de energia em um átomo com frequências experimentalmente determinadas e intensidades (brilhos) dos espectros de luz.

MEU PONTO DE PARTIDA ERA TRATAR O ÁTOMO NÃO COMO UM SISTEMA SOLAR REDUZIDO, E SIM COMO UM SIMPLES OSCILADOR VIRTUAL CAPAZ DE PRODUZIR TODAS AS FREQUÊNCIAS DO ESPECTRO.

Isso se parecia com o que Planck fizera com a radiação do corpo negro em 1900.

Usando o conceito que Bohr chamara de *princípio de correspondência* (quando o quantum e as regiões clássicas se superpõem), Heisenberg imaginou o átomo de Bohr em órbitas muito maiores. Ali a frequência orbital poderia ser igual à de radiação, e o átomo seria como um oscilador linear simples.

Ele sabia como analisar esse problema com base na física clássica. Agora quantidades familiares como o momento linear (**p**) e o deslocamento do equilíbrio (**q**) poderiam ser usadas. Classicamente, ele podia resolver a equação do movimento, depois calcular a energia da partícula no estado **n**, os valores quantizados $\mathbf{E}_n$.

A partir das órbitas maiores — em que poderia obter respostas —, ele então tentou extrapolar para dentro do átomo. Aqui, sua intuição, que também poderíamos chamar de genialidade, levou-o a uma fórmula capaz de incluir todos os estados possíveis. **Ele quebrou o código espectral.**

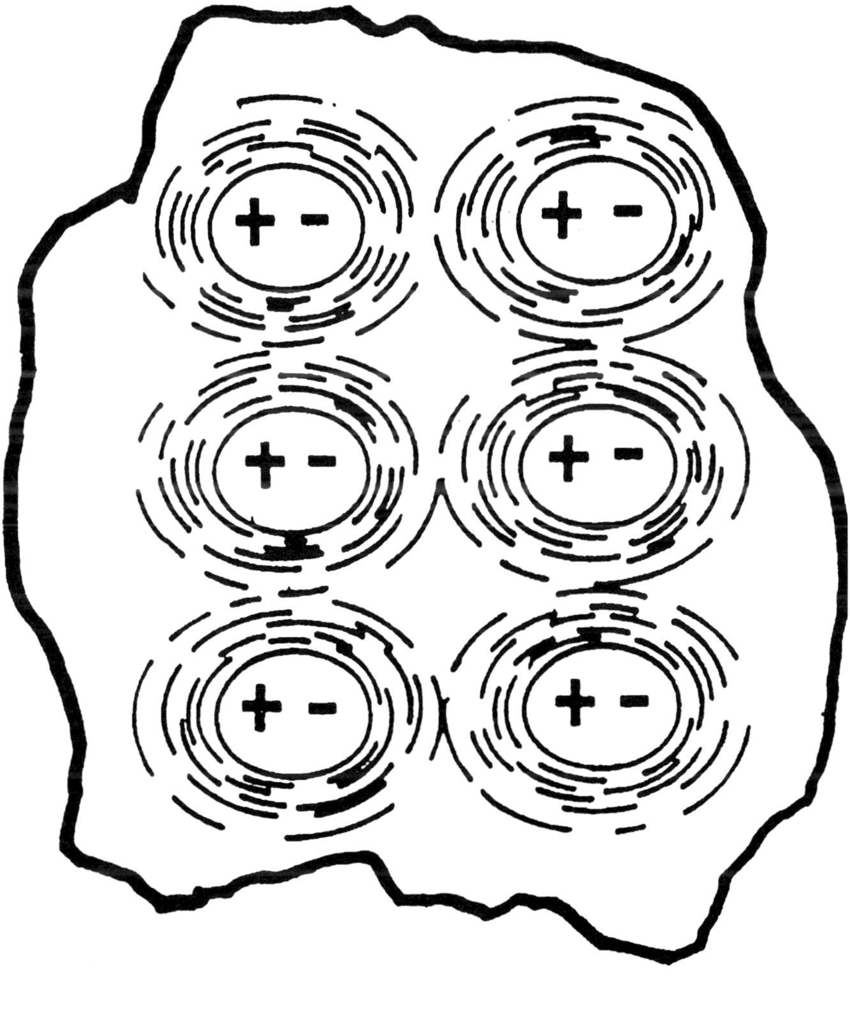

A essa altura, percebendo estar próximo de algo absolutamente inédito, Heisenberg fez uma descoberta surpreendente.

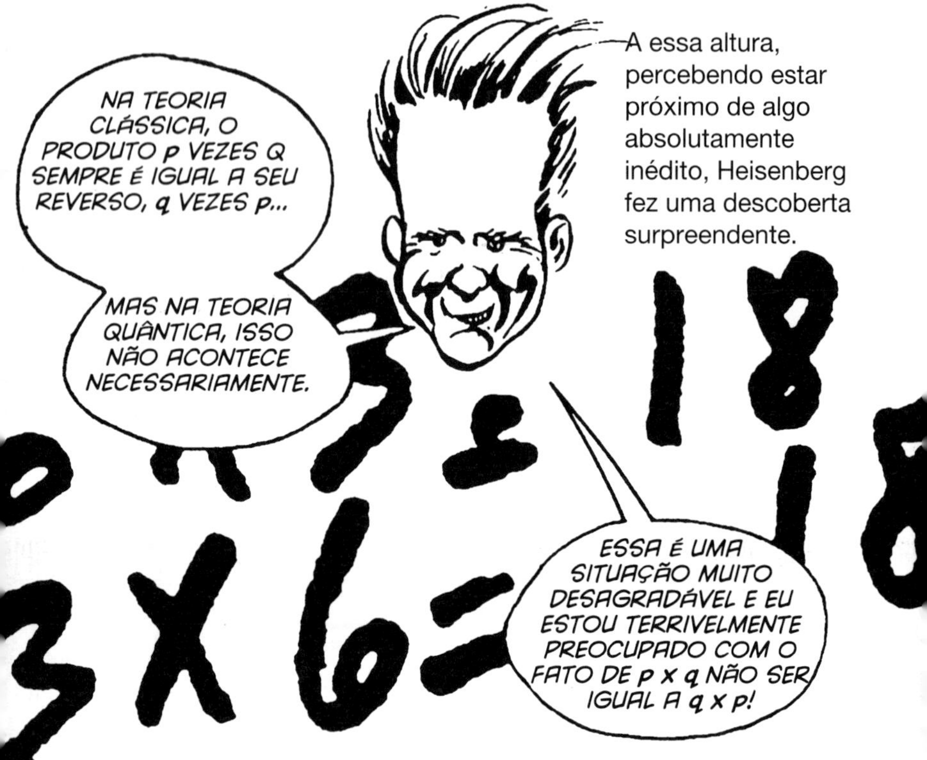
A essa altura, percebendo estar próximo de algo absolutamente inédito, Heisenberg fez uma descoberta surpreendente.
NA TEORIA CLÁSSICA, O PRODUTO p VEZES Q SEMPRE É IGUAL A SEU REVERSO, q VEZES p...
MAS NA TEORIA QUÂNTICA, ISSO NÃO ACONTECE NECESSARIAMENTE.
ESSA É UMA SITUAÇÃO MUITO DESAGRADÁVEL E EU ESTOU TERRIVELMENTE PREOCUPADO COM O FATO DE p × q NÃO SER IGUAL A q × p!

Para obter as frequências e intensidades corretas das linhas espectrais para sua teoria, Heisenberg precisava incluir, de alguma maneira, o **postulado quântico**, como Bohr fizera.

EU ACHAVA QUE A DIFERENÇA... p × q − q × p NÃO ERA IGUAL A ZERO, MAS IGUAL A w2πi, EM QUE I É √-1, UM NÚMERO IMAGINÁRIO.
Para
2 5 1
4 3 2
×
1 1 1
2 3 5
temos:
16 23 32
13 18 18
19 29 29
29 46 28

Nessa mesma noite em Helgoland, ele tornou-se capaz de demonstrar que os estados de energia eram **quantizados** e **independentes do tempo**, ou seja, eles eram estacionários como no átomo de Bohr. Posteriormente, ele chamou isso…

... UM DOM DOS CÉUS.
ERAM CERCA DE TRÊS HORAS DA MADRUGADA QUANDO O RESULTADO FINAL DO CÁLCULO SURGIU DIANTE DE MIM. DE INÍCIO, EU FIQUEI PROFUNDAMENTE ABALADO, TÃO AGITADO QUE NÃO PUDE NEM PENSAR EM DORMIR.
FOI QUANDO SAÍ AO AR LIVRE E FUI ESPERAR O AMANHECER NO TOPO DE UMA ROCHA. ESSA FOI "A NOITE DE HELGOLAND".

No dia 19 de junho, Heisenberg retornou a Göttingen e enviou seus resultados a Pauli, o crítico inestimável. Se sua teoria estivesse correta, Heisenberg teria dado o primeiro passo rumo à extinção do conceito de órbitas. Ele estava quase totalmente recuperado de *ambas* as enfermidades… da febre do feno e das órbitas dos elétrons!

Max Born e a mecânica matricial

A reação de Pauli fora favorável. Desse modo, antes de fazer uma visita ao laboratório Cavendish em Cambridge e um passeio de feriado, Heisenberg apresentou o artigo a Max Born.

FIQUEI ENTUSIASMADO COM O TRABALHO DE HEISENBERG E COMECEI A PENSAR, DIA E NOITE, SOBRE A ESTRANHA LEI DA MULTIPLICAÇÃO.
ENTÃO, EM ALGUMA MANHÃ POR VOLTA DO DIA 10 DE JULHO, A LUZ DE REPENTE SE FEZ. A MULTIPLICAÇÃO SIMBÓLICA E HEISENBERG ERA NADA MENOS QUE O CÁLCULO MATRICIAL, QUE EU CONHECIA PERFEITAMENTE DESDE OS MEUS TEMPOS DE ESTUDANTE.

E assim nasceu a **mecânica matricial**. Trabalhando com um estudante muito talentoso, **Pascual Jordan** (1902-1980) – um especialista em métodos matriciais –, Born transpôs a teoria de Heisenberg para uma linguagem matricial sistemática.

Agora, as frequências do espectro óptico podiam ser representadas por uma matriz infinita que se parece com…

$$f_{m,n} \quad \begin{vmatrix} f_{11} & f_{12} & f_{13} & f_{14} & f_{15} & f_{16} & \text{etc.} \\ f_{21} & f_{22} & f_{23} & f_{24} & f_{25} & f_{26} & \text{etc.} \\ f_{31} & f_{32} & f_{33} & f_{34} & f_{35} & f_{36} & \text{etc.} \\ f_{41} & f_{42} & f_{43} & f_{44} & f_{45} & f_{46} & \text{etc.} \\ \text{etc.} & \text{etc.} & \text{etc.} & \text{etc.} & \text{etc.} & \text{etc.} & \text{etc.} \end{vmatrix}$$

Dado que a ideia de Heisenberg era que os osciladores individuais com força **p(t)** e deslocamento **q(t)** vibrem com essas frequências, eles também serão matrizes infinitas.

$$p = \begin{vmatrix} p_{11} & p_{12} & p_{13} & p_{14} & \text{etc.} \\ p_{21} & p_{22} & p_{23} & p_{24} & \text{etc.} \\ p_{31} & p_{32} & p_{33} & p_{34} & \text{etc.} \\ \text{etc.} & \text{etc.} & \text{etc.} & \text{etc.} & \text{etc.} \end{vmatrix} \quad \text{e} \quad q \begin{vmatrix} q_{11} & q_{12} & q_{13} & q_{14} & \text{etc.} \\ q_{21} & q_{22} & q_{23} & q_{24} & \text{etc.} \\ q_{31} & q_{32} & q_{33} & q_{34} & \text{etc.} \\ \text{etc.} & \text{etc.} & \text{etc.} & \text{etc.} & \text{etc.} \end{vmatrix}$$

O postulado quântico de Heisenberg foi introduzido para obter as intensidades e frequências corretas, cada uma delas representada por um conjunto de dois números em *forma matricial.*

p x q – q x p = (h/2πi) 1 (condição quântica)

I é a unidade matricial que se parece com…

$$1 = \begin{vmatrix} 1 & 0 & 0 & \text{etc.} \\ 0 & 1 & 0 & \text{etc.} \\ 0 & 0 & 1 & \text{etc.} \\ \text{etc.} & \text{etc.} & \text{etc.} & \text{etc.} \end{vmatrix}$$

Pauli demonstra que a mecânica matricial está correta

Quando essa condição foi acrescentada à equação clássica da mecânica escrita de forma **matricial**, obteve-se um sistema de equações que poderia produzir os valores das frequências e intensidade relativas das linhas espectrais dos átomos. Contudo...

EMBORA EU POSSA DERIVAR TODOS OS ANTIGOS RESULTADOS NEWTONIANOS COM MINHA NOVA TEORIA, NÃO POSSO NEM AO MENOS CALCULAR O ESPECTRO DE HIDROGÊNIO.
NÃO SE PREOCUPE, WERNER, EU JÁ DOMINEI TODAS AS COMPLEXIDADES DE SUA NOVA MECÂNICA E DEDUZI NÃO APENAS O ESPECTRO DE HIDROGÊNIO COMO TAMBÉM AS LINHAS ADICIONAIS PRODUZIDAS PELOS CAMPOS ELÉTRICO E MAGNÉTICO.

Heisenberg descobriu a primeira versão completa da mecânica quântica.

Mas algo estava diferente. A nova teoria surgiu sem suportes visuais, sem modelo a ser concebido na cabeça de alguém. Ficaram para trás as intrincadas órbitas dos elétrons que Bohr e Sommerfeld haviam urdido para explicar os espectros de hidrogênio. Agora se tratava de um formalismo puramente matemático, difícil de usar e impossível de visualizar. Ela simplesmente dava as respostas certas.

Heisenberg abandonou todas as tentativas de representar plasticamente o átomo como composto ou de partículas ou de ondas. Ele decidiu que qualquer tentativa de desenhar uma analogia entre a estrutura atômica e a estrutura do mundo clássico estava destinada ao fracasso.

EM VEZ DISSO, DESCREVI OS NÍVEIS DE ENERGIA DOS ÁTOMOS EM TERMOS DE NÚMEROS, PURAMENTE. E DADO QUE O ESQUEMA USADO PARA MANIPULAR ESSES **NÚMEROS** ERA CHAMADO DE MATRIZ, MINHA TEORIA FOI CHAMADA DE **MECÂNICA MATRICIAL**, UM TERMO QUE DETESTEI PORQUE ERA DEMASIADAMENTE ABSTRATO.

Posteriormente, os padrões espectrais de outros átomos também foram derivados. Contudo, nenhum deles alcançou a **significância física** da estranha não comutabilidade, uma parte fundamental da teoria.

Isso significaria que a ordem em que as medições eram feitas devia ser importante? Será que o ato de medição era tão determinante assim?

Erwin Schrödinger — gênio e amante

Enquanto isso, outros físicos não desistiam da ideia de visualizar todos os aspectos do universo físico, do qual a estrutura atômica devia fazer parte! Consequentemente, eles não se afeiçoaram muito à mecânica matricial de Heisenberg.

Particularmente, o talentoso Erwin Schrödinger, em Zurique, menosprezou a nova teoria, desprovida de imagens e atulhada de complicações matemáticas.

EU DECIDI DESENVOLVER OUTRA VERSÃO, BASEADA NO CONCEITO DAS ONDAS DE MATÉRIA, DE DE BROGLIE.
CONSIDERO QUE MINHA ABORDAGEM SEJA MAIS ACEITÁVEL PARA OS FÍSICOS E MARQUE UM RETORNO AO MUNDO CONTÍNUO, VISUALIZÁVEL DA FÍSICA CLÁSSICA.

Schrödinger tinha razão quanto ao primeiro ponto, mas estava redondamente enganado quanto ao segundo.

Enquanto Werner Heisenberg necessitava da solidão das caminhadas pelas montanhas num clima livre de pólen, e Paul Dirac, da tranquilidade monástica das salas de sua faculdade em Saint John's, Cambridge, Erwin Schrödinger carecia de algo muito diferente para **sua** inspiração.

Schrödinger era um notório mulherengo que frequentemente se inspirava para seus trabalhos de física em seu mais recente caso. No Natal de 1925, ele fez a mais importante descoberta de sua carreira durante um ardente encontro amoroso em seu hotel favorito no Tirol austríaco. Ele estava pensando em ondas.

NESSES DIAS, ESTIVE INTENSAMENTE ENVOLVIDO...
UH
COM A TEORIA DE LOUIS DE BROGLIE...
AH
MAS ELA APRESENTA GRANDES DIFICULDADES.
OHH
TENTEI EM VÃO...
OOH
REPRESENTAR EM UMA IMAGEM A ONDA DO ELÉTRON, SUFICIENTEMENTE REFRATADA PARA PODER VIAJAR EM...
MHH
AHG
..UMA DAS ÓRBITAS DE BOHR. E ENTÃO...
YUH!
HERWIG

A equação de Schrödinger

A solução para a equação de Schrödinger era uma *onda* que descrevesse de um jeito mágico os aspectos quânticos do sistema. A interpretação física dessa onda tornou-se um dos maiores problemas filosóficos da mecânica quântica.

DESCOBRI UMA EQUAÇÃO QUE PODE SER APLICADA A TODO SISTEMA FÍSICO NO QUAL A FORMA MATEMÁTICA DA ENERGIA SEJA CONHECIDA.
segunda derivada com relação a X
energia
energia potencial
posição
função de onda de Schrödinger

$$\frac{\partial^2 \psi}{\partial x^2} + \frac{8\pi^2 m}{h^2}(E - V)\psi = 0$$

A própria onda é representada pelo símbolo grego **ψ**, que hoje representa uma única coisa para todos os físicos... a solução da equação de Schrödinger. Ele tomou muito a sério, não há a menor dúvida, a ideia de De Broglie da descrição da onda de matéria.

A análise da onda de Fourier para as funções periódicas

Embora o título acima possa soar muito técnico, é importante dizer algumas palavras sobre a análise de Fourier, para poder avaliar o encantamento dos físicos quando a equação de Schrödinger surgiu em janeiro de 1926.

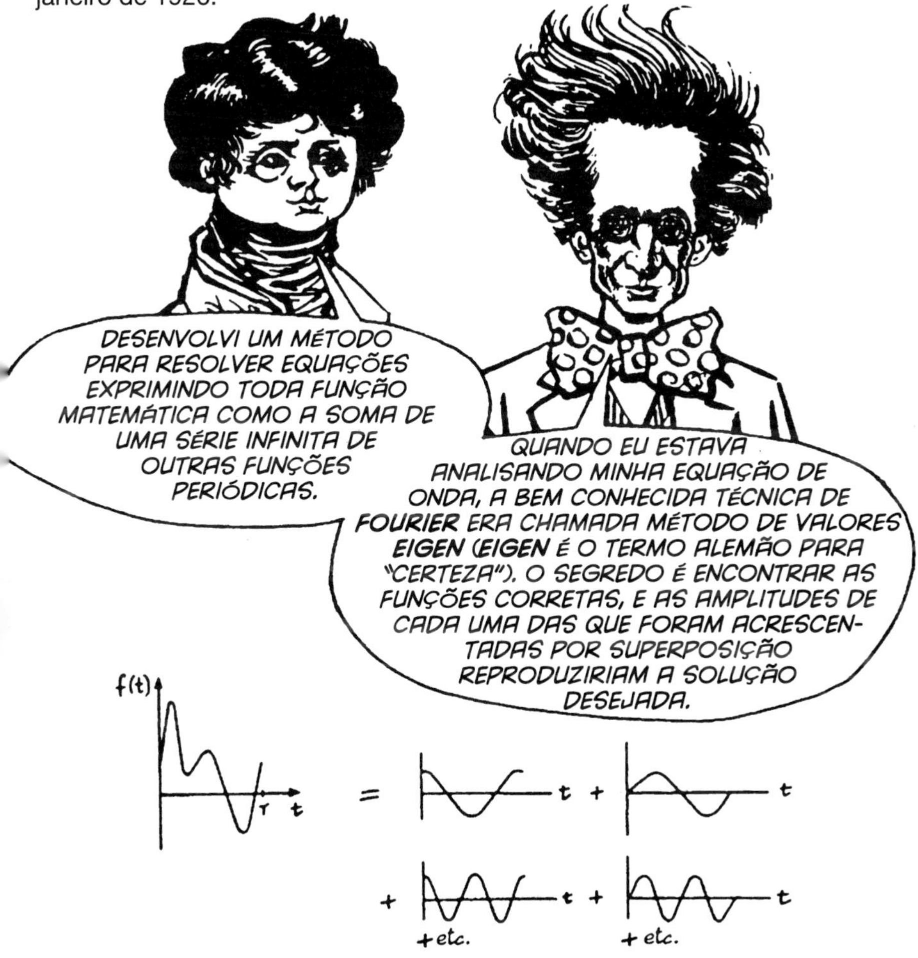

DESENVOLVI UM MÉTODO PARA RESOLVER EQUAÇÕES EXPRIMINDO TODA FUNÇÃO MATEMÁTICA COMO A SOMA DE UMA SÉRIE INFINITA DE OUTRAS FUNÇÕES PERIÓDICAS.
QUANDO EU ESTAVA ANALISANDO MINHA EQUAÇÃO DE ONDA, A BEM CONHECIDA TÉCNICA DE **FOURIER** ERA CHAMADA MÉTODO DE VALORES **EIGEN** (**EIGEN** É O TERMO ALEMÃO PARA "CERTEZA"). O SEGREDO É ENCONTRAR AS FUNÇÕES CORRETAS, E AS AMPLITUDES DE CADA UMA DAS QUE FORAM ACRESCENTADAS POR SUPERPOSIÇÃO REPRODUZIRIAM A SOLUÇÃO DESEJADA.
f(t)
T
t
=
t
+
t
+
t
+
t
+ etc.
+ etc.

TODA FUNÇÃO PERIÓDICA F(T) É IGUAL À SOMA DAS FUNÇÕES HARMÔNICAS SIMPLES

Desse modo, a solução para a equação de Schrödinger — **a função de onda para o sistema** — foi substituída por uma série infinita — **as funções de onda dos estados individuais**, que são harmônicas naturais uma das outras. Isso quer dizer que suas frequências estão relacionadas na razão dos números inteiros.

O método é demonstrado pelo gráfico abaixo. A acentuada curva indica a função inicial que é, depois, substituída pela soma das séries infinitas das ondas periódicas harmônicas.

A notável descoberta de Schrödinger era que as **ondas de substituição** descritas como estados **individuais do sistema quântico** e suas **amplitudes** davam a importância relativa de cada estado particular do sistema como um todo.

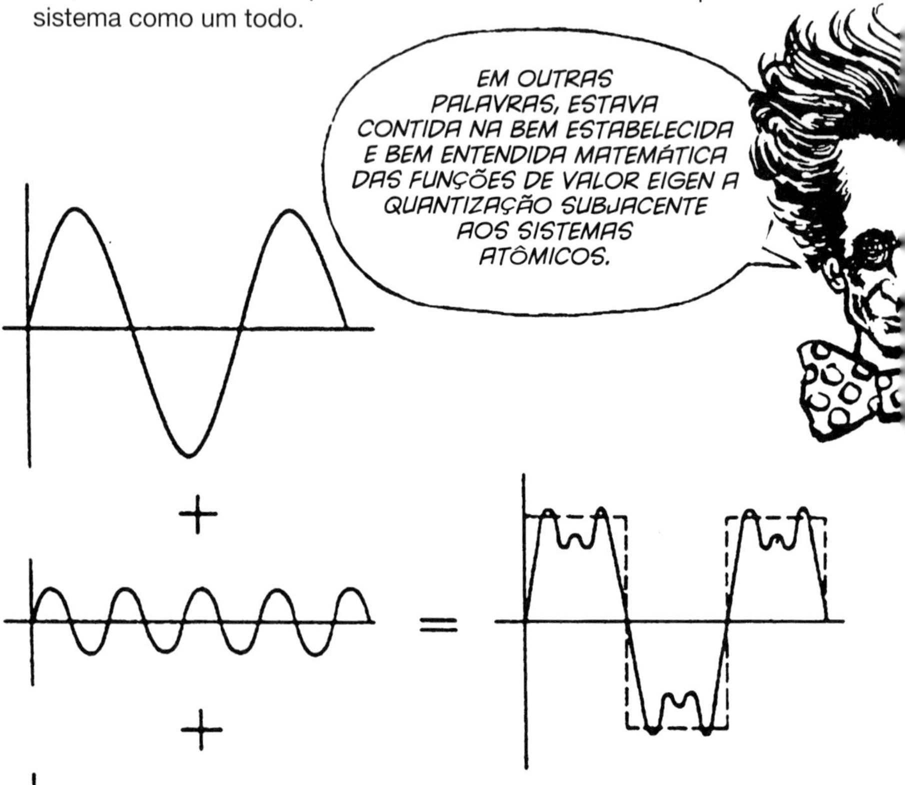
EM OUTRAS PALAVRAS, ESTAVA CONTIDA NA BEM ESTABELECIDA E BEM ENTENDIDA MATEMÁTICA DAS FUNÇÕES DE VALOR EIGEN A QUANTIZAÇÃO SUBJACENTE AOS SISTEMAS ATÔMICOS.

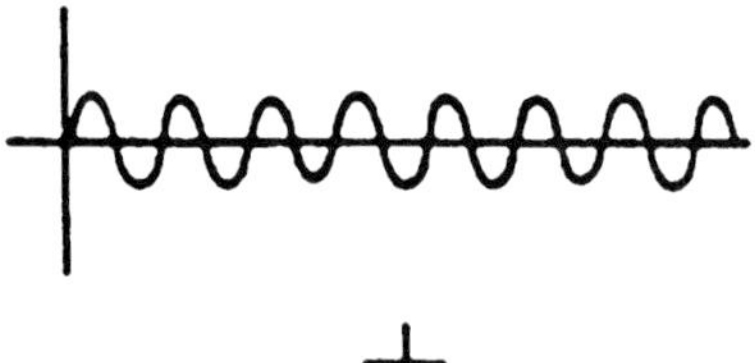

A equação de Schrödinger fora universalmente reconhecida como uma das grandes conquistas do pensamento do século XX, que continha muita física e, em princípio, não menos química. Ela foi imediatamente aceita como um instrumento matemático de poder sem precedentes para lidar com os problemas da estrutura atômica da matéria.

Não era de surpreender que a pesquisa tenha se tornado conhecida como *mecânica ondulatória.*

Visualizando o átomo de Schrödinger

O que Schrödinger fez foi reduzir o problema dos estados de energia em um átomo ao de encontrar os tons secundários de seu sistema vibratório usando a análise de Fourier.

As frequências naturais e o número de nós de ondas estacionárias (isto é, uma corda de violino) são fáceis de visualizar. Essa imagem pode ser estendida a um *sistema bidimensional*, tais como as vibrações de um tambor. Uma simulação por computador de diversos estados vibracionais em um tambor dá alguma indicação daquilo que Schrödinger tinha em mente.

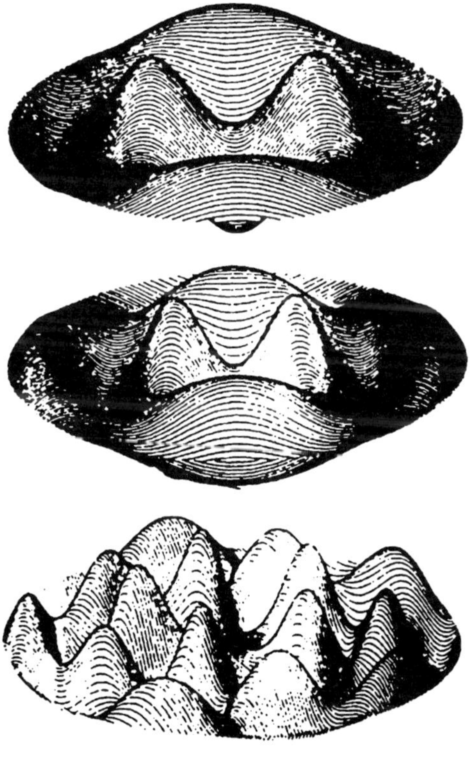

Embora seja muito difícil visualizar *sistemas vibratórios tridimensionais* em algo como o átomo de hidrogênio, as ilustrações unidimensionais e bidimensionais podem ser úteis.

Os números inteiros chamados de *números quânticos* por Bohr, Sommerfeld e Heisenberg estavam agora relacionados, de maneira natural, **ao número de nós em um sistema vibratório.**

A fórmula de Balmer, o efeito Zeeman e tudo mais

Rapidamente ficou demonstrado que a teoria de Schrödinger fornecia uma descrição completa das linhas espectrais do átomo de hidrogênio, reproduzindo outra vez a *pedra de toque* da fórmula de Balmer. Além disso, a cisão em campos elétricos e magnéticos também atingiu diretamente a equação de onda.

Schrödinger, portanto, estava em condições de observar que os números inteiros (número de nós) derivados de solução ondulatória tridimensional correspondem exatamente aos três números quânticos **n**, **k** e **m** da antiga teoria quântica.

MAS ISSO NÃO ERA COMPLETAMENTE ANÔMALO. ELES SIMPLESMENTE NÃO CONSEGUIAM ENTENDÊ-LO.
constante de Rydberg
$f = R \left(\frac{1}{n_f^2} - \frac{1}{n_i^2} \right)$

Schrödinger: um retorno à física clássica?

Apesar de toda a inovação e de todo o seu avanço em teoria quântica, o físico matemático austríaco provinha de uma escola tradicional de física. Ele detestava o conceito de saltos quânticos descontínuos dentro do átomo proposto por Bohr. Agora, ele tinha um sistema matemático que conseguia explicar as linhas espectrais sem a necessidade de postular esses desprezíveis saltos quânticos. Ele fez uma analogia com as ondas sonoras...

AS FREQUÊNCIAS DOS ESPECTROS DE LINHA BRILHANTES PODEM AGORA SER VISUALIZADAS COMO **PULSAÇÕES** ENTRE AS FREQUÊNCIAS VIBRATÓRIAS DE DOIS OUTROS ESTADOS QUÂNTICOS.
É MUITO MAIS ATRATIVA A CONCEPÇÃO SEGUNDO A QUAL, EM TRANSIÇÕES QUÂNTICAS, A ENERGIA PASSA CONTINUAMENTE DE UM PADRÃO VIBRATÓRIO PARA OUTRO, EM VEZ DA CONCEPÇÃO DE INDESCRITÍVEIS ELÉTRONS SALTANDO.

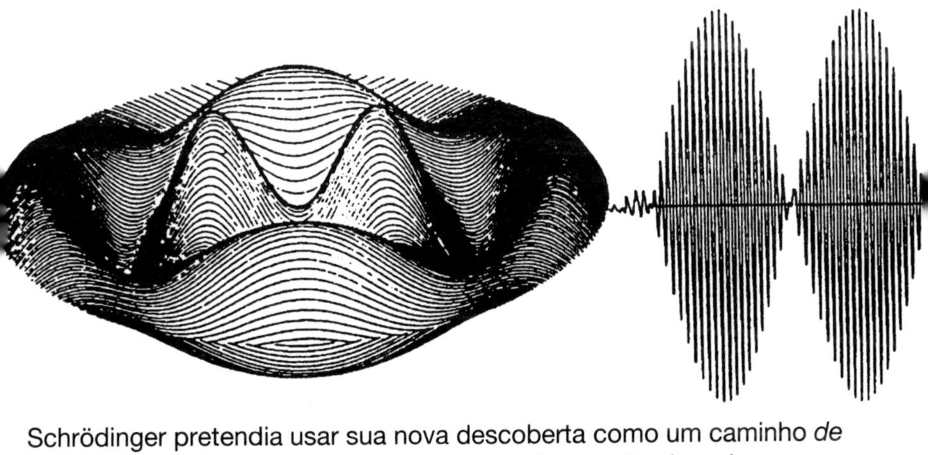

Schrödinger pretendia usar sua nova descoberta como um caminho *de* **retorno** à física baseada em processos contínuos não alterados por transições súbitas. Ele estava propondo uma *teoria das ondas de matéria* essencialmente clássica, que teria a mesma relação com a mecânica que a teoria das *ondas eletromagnéticas* de Maxwell tinha com a ótica.

Afinal, quem precisa de partículas?

Schrödinger começou até a duvidar da existência das partículas.

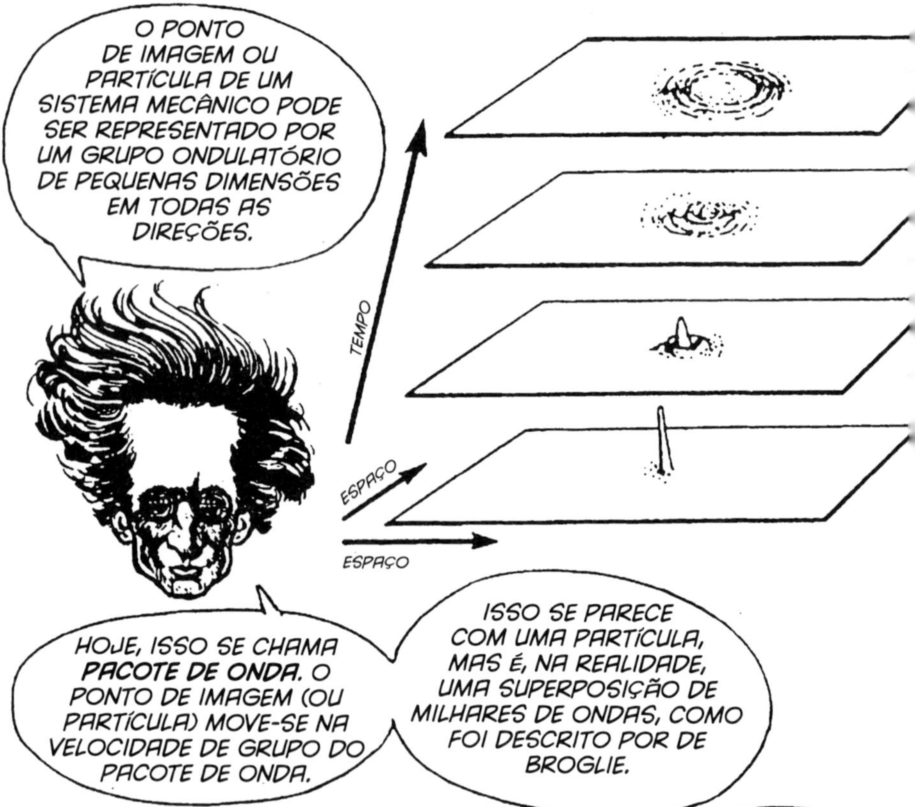
O PONTO DE IMAGEM OU PARTÍCULA DE UM SISTEMA MECÂNICO PODE SER REPRESENTADO POR UM GRUPO ONDULATÓRIO DE PEQUENAS DIMENSÕES EM TODAS AS DIREÇÕES.
TEMPO
ESPAÇO
ESPAÇO
HOJE, ISSO SE CHAMA **PACOTE DE ONDA**. O PONTO DE IMAGEM (OU PARTÍCULA) MOVE-SE NA VELOCIDADE DE GRUPO DO PACOTE DE ONDA.
ISSO SE PARECE COM UMA PARTÍCULA, MAS É, NA REALIDADE, UMA SUPERPOSIÇÃO DE MILHARES DE ONDAS, COMO FOI DESCRITO POR DE BROGLIE.

ISSO PODE FUNCIONAR NO ÁTOMO, MAS E NO CASO DO ELÉTRON LIVRE?
UM PACOTE DE ONDA PODE REALMENTE MANTER-SE E DESCREVER UM ELÉTRON EM MOVIMENTO?

Schrödinger queria descrever todas as partículas como a superposição de ondas. Mas o grande cara da física clássica, já idoso, **Henrik Lorenz** (1853-1928), que desfrutava nos últimos anos de sua vida da mesma clareza de sempre, chamou Schrödinger à razão com uma crítica brutal de sua interpretação física.

ERWIN, MEU GAROTO QUERIDO, RETOMEMOS ALGUNS PONTOS...
1) PACOTES DE ONDA SE PROPAGARÃO COM O TEMPO, E SUA IDEIA DE REPRESENTAR PARTÍCULAS COMPLETAMENTE EM TERMOS DE SUPERPOSIÇÃO DE ONDAS É INVÁLIDA.
2) FREQUÊNCIAS DE BATIDA NÃO PRODUZIRÃO AS LINHAS ESPECTRAIS, COMO VOCÊ INICIALMENTE SUPUNHA.
3) E SUAS NOVAS DESCOBERTAS NÃO SE ENQUADRAM DE MODO ALGUM EM UM QUADRO CLÁSSICO DE INTERPRETAÇÃO.
A PARTIR DO VERÃO DE 1926, MINHA CONVICÇÃO ORIGINAL DA IMPORTÂNCIA DO MOVIMENTO ONDULATÓRIO COMO A FONTE DE TODA A REALIDADE FÍSICA COMEÇOU A VACILAR.

Logo ficou demonstrado que a função de onda **propaga-se** com o decorrer do tempo. Schrödinger estava nitidamente errado e Lorenz estava certo!

Então, **qual** é a relação entre a função de onda das partículas e a partícula em si? Pergunta difícil. Era a última questão a ser resolvida no desenvolvimento da mecânica ondulatória.

Duas teorias, uma explicação

Schrödinger indagava se havia alguma relação entre sua própria teoria e a mecânica matricial e Heisenberg. À primeira vista, ele não conseguia ver conexão alguma. Mas, na última semana de fevereiro de 1926, ele descobriu um resultado notável em suas próprias análises.

SINTO AVERSÃO PELO FORMALISMO DE HEISENBERG POR CAUSA DA DIFICULDADE DOS CÁLCULOS ENVOLVIDOS E PELA FALTA DE UMA **ANSCHAUSLICHKEIT**, DE UM PONTO DE VISTA OU ILUSTRAÇÃO.
MAS, PARA MINHA SURPRESA, DEMONSTREI QUE AS DUAS TEORIAS ERAM COMPLETAMENTE EQUIVALENTES DE UM PONTO DE VISTA MATEMÁTICO.

Uma se baseava em um claro modelo ondulatório conceitual da estrutura atômica, e a outra afirmava que esse modelo não tinha sentido. Mas as duas davam o mesmo resultado. Muito estranho mesmo!

As equações de Schrödinger tinham vindo para ficar. Em 1987, a equação foi divulgada em sua forma final no selo comemorativo do 100° aniversário de Schrödinger criado pelo correio da Áustria.

Schrödinger encontra Heisenberg

Em julho de 1926, Schrödinger fez uma conferência no colóquio semanal de Sommerfeld. Heisenberg estava no auditório.
Schrödinger acabou de falar, sua equação estava no quadro. Alguma pergunta?
Heisenberg se pôs de pé e perguntou…

HEISENBERG ESTÁ CERTO! NÃO POSSO CONCILIAR MINHA INTERPRETAÇÃO DAS ONDAS CONTÍNUAS DE ELÉTRONS COM FENÔMENOS COMO O EFEITO FOTOELÉTRICO.

e volta a seu escritório em seu regresso de Munique, Schrödinger…

HEISENBERG ESTÁ CERTO! NÃO POSSO CONCILIAR MINHA INTERPRETAÇÃO AS ONDAS CONTÍNUAS DE ELÉTRONS COM FENÔMENOS COMO O EFEITO FOTOELÉTRICO.
ESSA É A MAIOR DIFICULDADE PARA A REALIZAÇÃO DE UMA TEORIA CLÁSSICA. A ESSA ALTURA, NÃO POSSO ENCONTRAR SOLUÇÃO ALGUMA PARA O PROBLEMA.

Max Born: a interpretação da probabilidade de ψ

Schrödinger decidira que ψ representava uma “onda sombria” que, de alguma maneira, indicava a posição do elétron. Depois, mudou de ideia, dizendo que ψ era a “densidade da carga eletrônica”. Na verdade, ele estava confuso.

Uma ideia mais aceitável fora desenvolvida por Max Born no verão de 1926. Ele escreveu um artigo sobre fenômenos de colisão, no qual introduziu a probabilidade mecânica quântica.

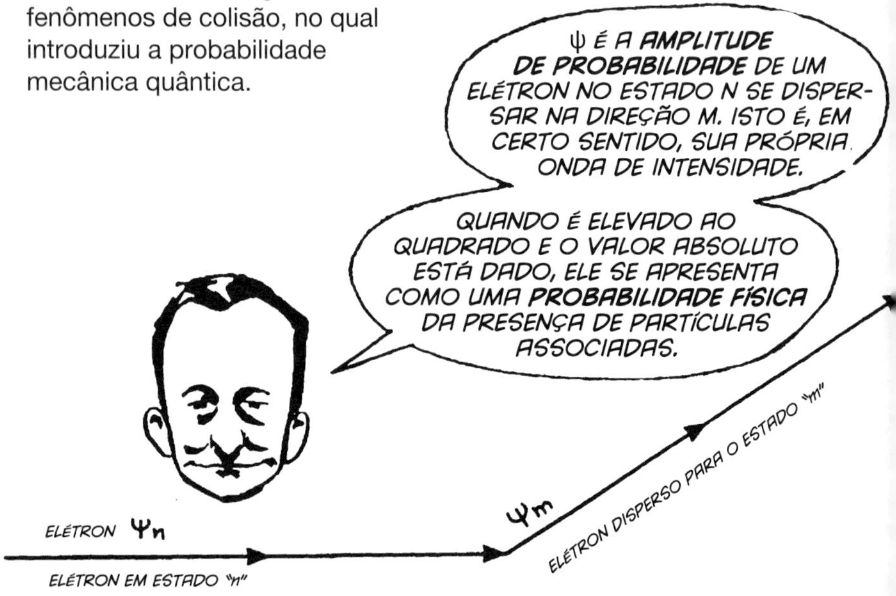
ψ É A AMPLITUDE DE PROBABILIDADE DE UM ELÉTRON NO ESTADO N SE DISPERSAR NA DIREÇÃO M. ISTO É, EM CERTO SENTIDO, SUA PRÓPRIA ONDA DE INTENSIDADE.
QUANDO É ELEVADO AO QUADRADO E O VALOR ABSOLUTO ESTÁ DADO, ELE SE APRESENTA COMO UMA PROBABILIDADE FÍSICA DA PRESENÇA DE PARTÍCULAS ASSOCIADAS.
ELÉTRON ψ_n
ELÉTRON EM ESTADO “n”
ψ_m
ELÉTRON DISPERSO PARA O ESTADO “m”

Um mês mais tarde, Born indicou que a probabilidade da **existência de um estado** é dado pelo quadrado da amplitude normalizada da função de onda individual (i.e. **ψ2**). Este foi mais um novo conceito: a probabilidade de que um **estado quântico determinado existe**. Não há respostas mais exatas, disse Born. Em teoria atômica,tudo o que obtemos são probabilidades.

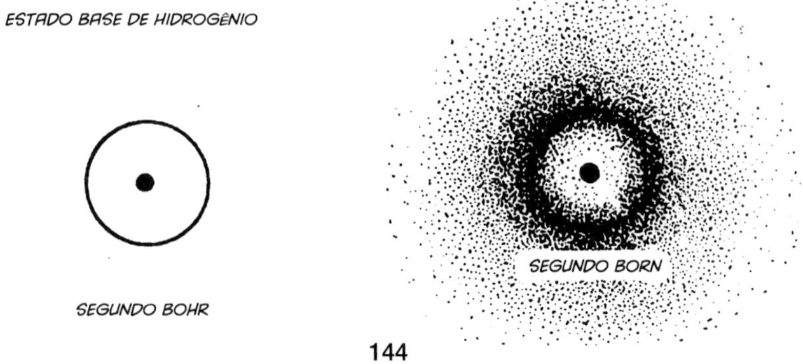
ESTADO BASE DE HIDROGÊNIO
SEGUNDO BOHR
SEGUNDO BORN

Dois tipos de probabilidade

Em 10 de agosto de 1926, Born apresentou um artigo em Oxford, no qual distinguia claramente as antigas das novas probabilidades em física. A velha e clássica teoria Maxwell-Boltzmann (ver p. 20-25) introduzira coordenadas microscópicas na teoria cinética dos gases, apenas para substituí-las por valores **médios** baseados na probabilidade devido à ignorância. Era impossível calcular os valores exatos de tantas partículas.

MAS A NOVA TEORIA CHEGA AOS MESMOS RESULTADOS SEM INTRODUZIR NENHUM VALOR MÉDIO. ISSO NÃO É PROBABILIDADE DECORRENTE DE IGNORÂNCIA. ESSA PROBABILIDADE É TUDO O QUE PODEMOS SABER SOBRE UM SISTEMA ATÔMICO.

Born encontrara uma maneira de conciliar partículas e ondas introduzindo o conceito de probabilidade. A onda ψ determina a aparência que o elétron terá em uma posição particular. Diferentemente do campo eletromagnético, ψ não tem realidade física.

O gato de Schrödinger... o problema da medição quântica

Cerca de dez anos depois dos artigos de Born, a noção da probabilidade da superposição dos estados quânticos ia se tornando cada vez mais aceita. Schrödinger, aflito com o fato de sua própria equação estar sendo usada equivocadamente, criou um "experimento de pensamento" que ele achava ser capaz de demonstrar — de uma vez por todas — quão absurdo era esse conceito.

Schrödinger imaginou um experimento muito estranho no qual um gato vivo é posto em uma caixa com uma fonte radioativa, um contador Geiger, um martelo e um frasco de vidro tampado contendo fumaças venenosas letais. Quando uma baixa radioativa ocorre, o contador dispara um mecanismo que destrava o martelo, que cai e quebra o frasco. Então a fumaça matará o gato.

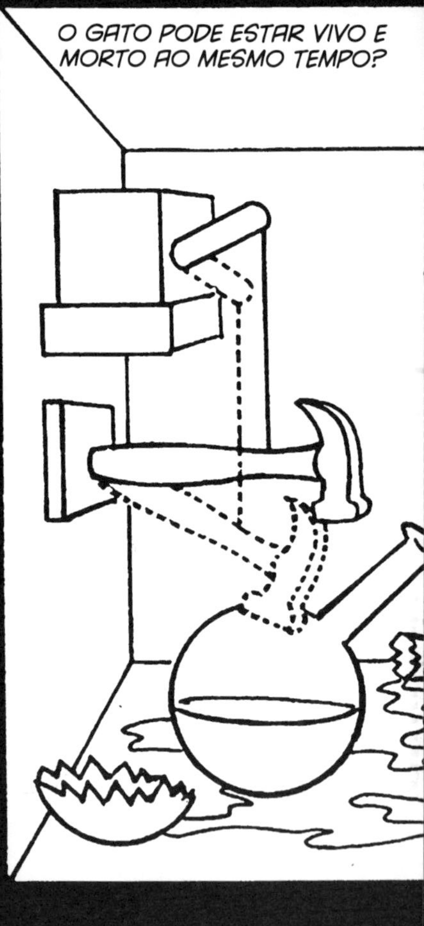
O GATO PODE ESTAR VIVO E MORTO AO MESMO TEMPO?

SUPONHAMOS QUE A FONTE RADIOATIVA SEJA AQUELA PARA A QUAL A TEORIA QUÂNTICA PREVÊ 50% DE PROBABILIDADE DE UM DECRÉSCIMO DE PARTÍCULA A CADA HORA. DEPOIS DE UMA HORA TER PASSADO, HÁ UMA PROBABILIDADE IGUAL DE AMBOS OS ESTADOS... O ESTADO GATO **MORTO** OU O ESTADO GATO **VIVO**.

A teoria quântica (segundo a interpretação de Born) preveria que exatamente uma hora depois de o experimento ter sido iniciado, a caixa conteria um gato que não está **nem inteiramente vivo nem inteiramente morto**, mas em uma mistura dos dois estados, a superposição das duas funções de onda.

VEJA, É RIDÍCULO!
A INTERPRETAÇÃO DA PROBABILIDADE DE MINHA FUNÇÃO DE ONDA NÃO É ACEITÁVEL!

Schrödinger achava que tinha resolvido a questão. Mas ainda hoje seu assim chamado *paradoxo* é usado para ensinar conceitos de probabilidade quântica e de superposição de estados quânticos.

ASSIM QUE LEVANTARMOS A TAMPA DA CAIXA PARA VERIFICAR SE A PREDIÇÃO QUÂNTICA ESTÁ CORRETA, O IMPASSE SERÁ RESOLVIDO.
NOSSO ATO DE OBSERVAÇÃO FAZ RUIR A SUPERPOSIÇÃO DAS DUAS FUNÇÕES DE ONDA A UMA SÓ, TORNANDO O GATO DEFINITIVAMENTE MORTO OU VIVO.

Consciência e a função de onda em colapso

O físico nascido na Hungria, **Eugene Wigner** (1902-1995), um especialista em teoria quântica e ganhador do premio Nobel, parece ter sido um dos poucos a se incomodar com **o que realmente provoca o colapso da função de onda.**

A CONSCIÊNCIA DO OBSERVADOR É O QUE FAZ A DIFERENÇA. QUANDO TOMAMOS CONSCIÊNCIA DE ALGO, SOMOS INTRODUZIDOS AO COLAPSO CRUCIAL DA FUNÇÃO DE ONDA, DE MODO QUE OS DESCONCERTANTES ESTADOS MISTURADOS DE VIDA E MORTE DESAPARECEM.
OS CRÍTICOS QUESTIONARAM SE UMA AMEBA PODERIA PROVOCAR UM COLAPSO, OU SE A CONSCIÊNCIA DO PRÓPRIO GATO PODERIA MANTÊ-LO REAL NO DECORRER DO EXPERIMENTO. PARECE QUE NÃO HÁ MAIS FÍSICOS COMO NOS TEMPOS DE ISAAC NEWTON.

A interpretação de Wigner não atingiu grande popularidade entre os físicos, nem ao menos algum interesse mais consistente. A teoria quântica funciona. Ele dá respostas práticas às mais árduas questões teóricas. Aqueles que se valem da teoria quântica como uma experiência de trabalho cotidiana não poderia se interessar menos pelo que provoca o colapso da função de onda!

Paul Adrian Maurice Dirac: gênio e recluso

Tendo visto duas versões alternativas da nova teoria quântica — a primeira com Heisenberg usando métodos matriciais e a segunda dominada pela equação da onda de Schrödinger —, vamos agora examinar uma terceira, desenvolvida de maneira independente pelo matemático inglês, Paul A. M. Dirac.

No verão de 1925, Heisenberg fez uma conferência no Clube Kapitza em Cambridge, depois da qual ele deu a seu anfitrião, Ralph Fowler, um manuscrito inédito de sua teoria pioneira. Fowler passou o manuscrito a seu jovem estudante, Paul Dirac, com a nota: *Diga o que você acha disso*. Dirac levou a instrução muito a sério.
Trabalhando sozinho — algo que faria durante os 44 anos de sua carreira de físico —, Dirac viu que a teoria de Heisenberg era um novo ponto de partida fundamental.

ELA É CAPAZ DE RESOLVER AS DIFICULDADES DA ANTIGA TEORIA QUÂNTICA DE **BOHR, EINSTEIN** E **PLANCK**.

A versão de Dirac da mecânica quântica

Inicialmente intrigado pela aparência das quantidades não comutáveis (quando o produto de duas quantidades dependia de sua ordem, de modo que **A x B** não é igual a **B x A**), Dirac compreendeu que essa era a essência da nova abordagem. E rapidamente encontrou um elo com a física clássica e usou a nova ideia fundamental da não comutabilidade para desenvolver sua própria versão da *mecânica quântica.*

EM MENOS DE DOIS MESES, CONCLUÍ UM ARTIGO DE TRINTA PÁGINAS QUE ENVIEI A HEISENBERG, PARA QUE ELE DESSE UM PARECER.
LI SEU ARTIGO EXTRAORDINARIAMENTE BELO SOBRE A MECÂNICA QUÂNTICA COM O MAIOR INTERESSE E NÃO RESTA DÚVIDA DE QUE SEUS RESULTADOS ESTÃO CERTOS. O ARTIGO É REALMENTE MUITO BEM ESCRITO E MAIS CONCENTRADO QUE NOSSOS ESFORÇOS ATÉ AQUI.

Heisenberg e Born estavam impressionados! Dirac tornou-se imediatamente um membro do clube, destinado a ser imortalizado como um dos fundadores da teoria quântica.

A teoria transformacional de Dirac

Mas ele estava apenas começando. Em novembro de 1925, apenas quatro meses depois de ter recebido o germe da nova mecânica, Dirac escreveu uma série de quatro artigos que atraíram a atenção de teóricos de todos os lugares, particularmente de Copenhague, Göttingen e Munique, os principais centros da pesquisa quântica. Tendo-os juntado para apresentá-los como uma tese à faculdade de Cambridge, Dirac defendeu o doutorado e se tornou Ph.D.

Depois disso, Bohr o convidou a ir a Copenhague em setembro de 1926. Lá, Dirac completou outro importante artigo sobre a **teoria transformacional**.

COPENHAGUE
$r_4 = 16\,r_1$
$= 9\,r_1$
$= 4\,r_1$
$n = 3$
DEMONSTREI QUE A MECÂNICA ONDULATÓRIA DE SCHRÖDINGER, RECENTEMENTE PUBLICADA, E A ORIGINAL MECÂNICA MATRICIAL DE HEISENBERG PODERIAM, AMBAS, SEREM VISTAS COMO CASOS ESPECIAIS DE MINHA FORMULAÇÃO MAIS GERAL. EM OUTROS TERMOS, **ELAS SÃO COMPLETAMENTE EQUIVALENTES.**

O início da eletrodinâmica quântica

Em Copenhague e, posteriormente, em Göttingen, Dirac começou a trabalhar com os problemas da emissão e da absorção da radiação eletromagnética, isto é, da luz. Vinte e cinco anos antes, Planck e Einstein tinham apresentado provas teóricas de que a luz consistia em partículas, aquilo que hoje são os chamados fótons.

+
=
POR MEIO DE UMA APLICAÇÃO CONSISTENTE DA MECÂNICA QUÂNTICA À TEORIA ELETROMAGNÉTICA DE MAXWELL, CONSTRUÍ O PRIMEIRO ESPÉCIME CONHECIDO DE UMA TEORIA DO CAMPO QUÂNTICO.

Apesar da evidência esmagadora, já no século XIX, do modelo ondulatório da luz, Einstein reacendera a controvérsia sobre a **dualidade partículas/ondas.**

Mas o senso comum exigia que a luz fosse ou uma coisa, ou outra. Dirac demonstrou que a teoria quântica tinha resposta para esse paradoxo aparente.

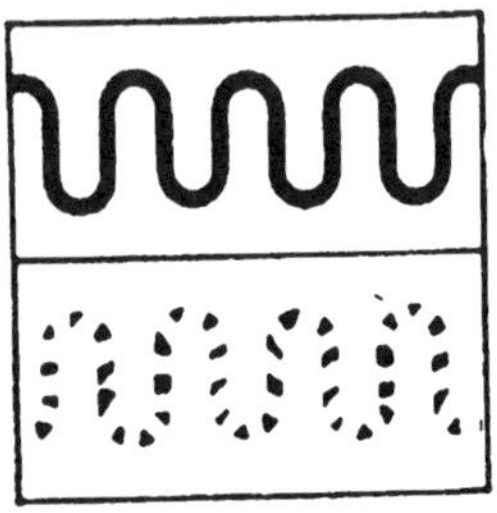

O conceito de um campo contínuo, introduzido por Faraday e outros (você se lembra daquelas limalhas de ferro e das barras de ímã das aulas de ciências?), poderia agora ser dividido em pedaços em vista de interagir com a matéria, pois já se sabia que ele consistia em entidades discretas como elétrons, prótons etc. A nova abordagem de Dirac permitia tratar a luz como ondas **ou** partículas e ainda dar as respostas certas. Mágica!

J. C. Polkinghorne (n. 1930), um ex-professor de física teórica em Cambridge e que aprendeu mecânica quântica com o próprio Dirac, até hoje se declara impressionado com esse feito, setenta anos depois. Ele oferece uma metáfora fulgurante...

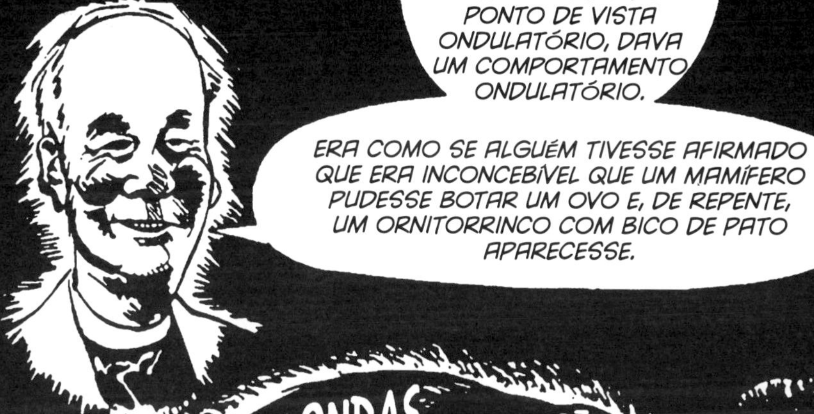
O FORMALISMO DE DIRAC ERA PERFEITAMENTE COMPREENSÍVEL. SE INTERROGADO DO PONTO DE VISTA DA PARTÍCULA, DAVA UM COMPORTAMENTO DE PARTÍCULA; SE INTERROGADO DO PONTO DE VISTA ONDULATÓRIO, DAVA UM COMPORTAMENTO ONDULATÓRIO.
ERA COMO SE ALGUÉM TIVESSE AFIRMADO QUE ERA INCONCEBÍVEL QUE UM MAMÍFERO PUDESSE BOTAR UM OVO E, DE REPENTE, UM ORNITORRINCO COM BICO DE PATO APARECESSE.

ONDAS
PARTÍCULAS

A partir do trabalho de Dirac, a natureza dual da luz como onda e como partícula livrou-se do paradoxo aos olhos daqueles que podem entender matemática. Depois da Segunda Guerra Mundial, o trabalho pioneiro de Dirac foi continuado por **Richard Feynman** (1918-1988) e outros.

CHAMAMOS NOSSA TEORIA DE ELETRODINÂMICA QUÂNTICA OU, ABREVIADAMENTE, EQ. ELA DESCREVE A INTERAÇÃO DA LUZ E DA MATÉRIA COM UMA PRECISÃO NOTÁVEL.
Richard Feynman
Freeman Dyson
Julian Schwinger
Tomonaga

A equação de Dirac e a rotação do elétron

O reconhecimento internacional não mudou muito os hábitos de Dirac. Ao regressar a Cambridge, ele continuou trabalhando intensamente, quase sempre na privacidade de sua sala no claustro quadrangular do St. Johns College. Ele estava prestes a fazer outra grande descoberta.

A mecânica ondulatória de Schrödinger tomara o lugar central, e a ubíqua *equação de onda* dominava a teoria quântica (e é o que ainda acontece com muitos pesquisadores). Schrödinger nada sabia da curiosa propriedade magnética do elétron, chamada *rotação*. Consequentemente, ele não fora capaz de incorporar com sucesso a relatividade de Einstein em sua equação de onda. Dirac fez isso por ele com um estilo de tirar o fôlego, recorrendo principalmente a argumentos estéticos.

PRESERVANDO A SIMETRIA TANTO DA RELATIVIDADE ESPECIAL COMO DA MECÂNICA QUÂNTICA, ENCONTREI UMA NOVA EQUAÇÃO DE ONDA PARA O ELÉTRON. PARECE QUE ELA FUNCIONA.

A fórmula que ele encontrou (conhecida agora como *equação de Dirac*) não apenas dava a descrição de um elétron movendo-se quase na velocidade da luz como previa **sem nenhuma hipótese *ad hoc*** que o elétron faz uma meia rotação, tal como se sabia pelos experimentos.

A predição da antimatéria

De maneira notável, a equação de Dirac também ditou a existência de um **elétron positivamente carregado**, a carga oposta a cada elétron que fora previamente observado.

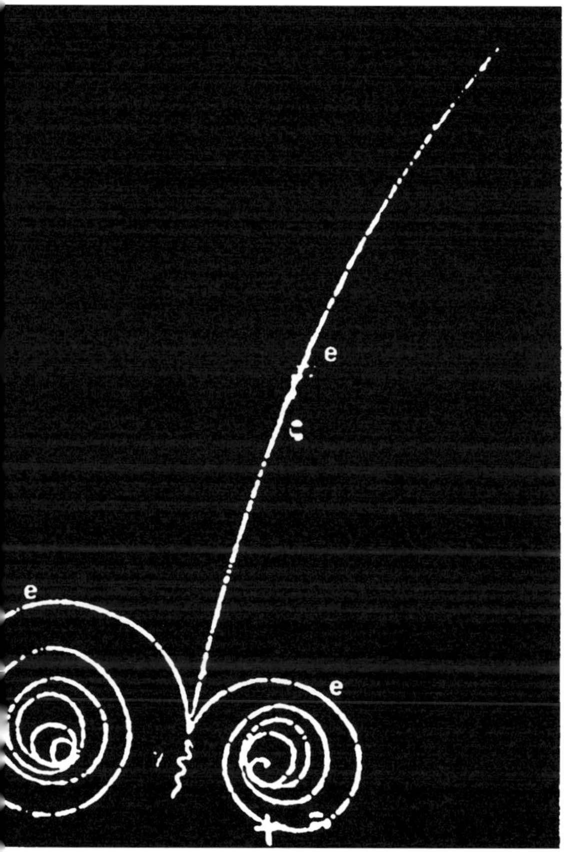

e
e
e

ESSA ERA A PRIMEIRA INDICAÇÃO DE QUE DEVE HAVER ALGO COMO A ANTIMATÉRIA, PARTÍCULAS COM MASSA E ROTAÇÃO IDÊNTICA À MATÉRIA ORDINÁRIA, MAS COM CARGA ELÉTRICA OPOSTA.

Essa predição foi verificada poucos anos depois, quando antielétrons, agora chamados de *pósitrons*, foram descobertos por **Carl Anderson** em uma câmara de nuvem no Caltech em 1932. Dirac inaugurou uma grande área para a física antipartículas.

Um ano depois de o pósitron ter sido observado, Dirac recebeu o prêmio Nobel de 1933, tendo sido premiado com Schrödinger por sua pesquisa sobre a teoria quântica. Mas voltemos a 1926-1927...

O princípio da incerteza

Em 1927, Heisenberg fez uma segunda grande descoberta, tão importante quanto sua descoberta da mecânica matricial. Impulsionado por sua crença positivista de que apenas as quantidades mensuráveis podem fazer parte de qualquer teoria, Heisenberg compreendeu que a teoria quântica implicava uma limitação fundamental a respeito da precisão com que podem ser medidos simultaneamente determinados pares de variáveis físicas. Ele fez o seguinte:

Lembre-se da não comutabilidade das duas variáveis — posição e momento **(p x q – q x p = h/2πi)**...

MOSTREI QUE NÃO HÁ COMO IDENTIFICAR COM PRECISÃO A POSIÇÃO EXATA DE UMA PARTÍCULA SUBATÔMICA, A MENOS QUE VOCÊ ESTEJA QUERENDO FICAR COMPLETAMENTE ÀS CEGAS NO QUE SE REFERE AO MOMENTO DA PARTÍCULA.
TAMBÉM NÃO HÁ COMO IDENTIFICAR PRECISAMENTE O MOMENTO EXATO DA PARTÍCULA, A MENOS QUE VOCÊ QUEIRA FICAR COMPLETAMENTE ÀS CEGAS A RESPEITO DE SUA POSIÇÃO. MEDIR POSIÇÃO E MOMENTO EXATAMENTE E AO MESMO TEMPO É IMPOSSÍVEL.

Uma conexão quantitativa para essa incerteza foi facilmente derivada ao **estimar a imprecisão** em uma medição simultânea de posição e momento. Para localizar ou "ver" um objeto com precisão, a radiação luminosa tem de ser **significativamente menor do que o próprio objeto**. No caso de um elétron atômico, isso significa ondas muito menores que o ultravioleta, visto que o diâmetro do átomo de hidrogênio inteiro é apenas uma fração do comprimento de onda da luz visível.

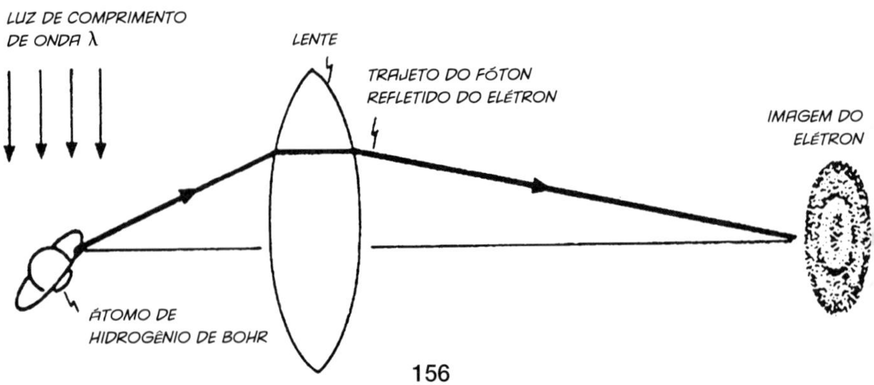
LUZ DE COMPRIMENTO DE ONDA λ
LENTE
TRAJETO DO FÓTON REFLETIDO DO ELÉTRON
IMAGEM DO ELÉTRON
ÁTOMO DE HIDROGÊNIO DE BOHR

O microscópio de raios gama de Heisenberg

Para estudar o problema, Heisenberg escolheu um microscópio hipotético usando **raios gama**, que são muito mais curtos, mas contêm uma força considerável. Desse modo, o caminho do elétron não é suave e contínuo, mas irregular por causa do bombardeamento dos fótons de raios gama. O famoso desenho de George Gamow da hipotética montagem de Heisenberg é mostrado nesta página. Bohr ajudou Heisenberg a esclarecer essa parte da derivação.

MICROSCÓPIO QUÂNTICO IDEAL DE HEISENBERG

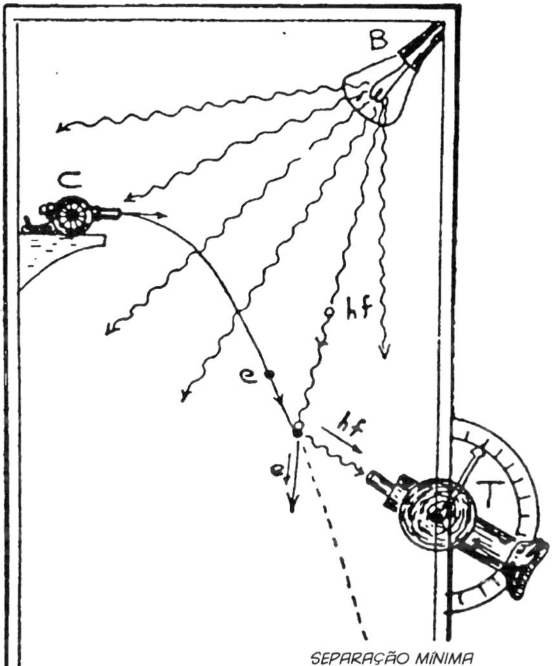
B
C
hf
e
hf
e
T

SEPARAÇÃO MÍNIMA

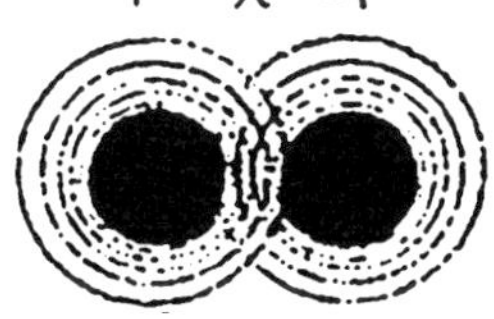
|— λ —|

QUE PODE SER RESOLVIDA ~ λ

A IMPRECISÃO NA MEDIÇÃO DA POSIÇÃO DE UM OBJETO SOB ELEVADA MAGNIFICAÇÃO ÓPTICA, POR EXEMPLO, UM MICROSCÓPIO, É LIMITADA PELA DIFRAÇÃO, QUANDO OS PADRÕES DE INTERFERÊNCIA SE SUPERPÕEM.

Essa inexatidão é aproximadamente igual ao comprimento de onda da radiação que está sendo usada, como se vê no esboço. Desse modo, a **imprecisão na medição da posição** é **$\Delta \chi \sim \lambda$** (N.B.: **χ** está sendo usado para posição, no lugar de **q**, e ~ significa "quase igual a".)

De maneira correspondente, a **imprecisão mínima na medição do momento** é quase igual à força transmitida ao elétron por um único fóton usado para iluminar a partícula, a menor perturbação possível. A partir da relação de De Broglie/Einstein, **Δ p ~ h/λ**, Heisenberg obteve a imprecisão no momento. Multiplicando as duas inexatidões juntas, Heisenberg demonstrou que o produto de **Δχ Δp**, sempre será maior que ou igual a (≥) determinada quantidade…

relação de De Broglie

$$(\Delta\chi)(\Delta p) \geq (\lambda)(h/\lambda) \geq h \text{ OR}\ldots \Delta\chi\,\Delta p \geq h$$

do limite de difração

Esse é o **princípio da incerteza de Heisenberg** (PIH), que estabelece que…

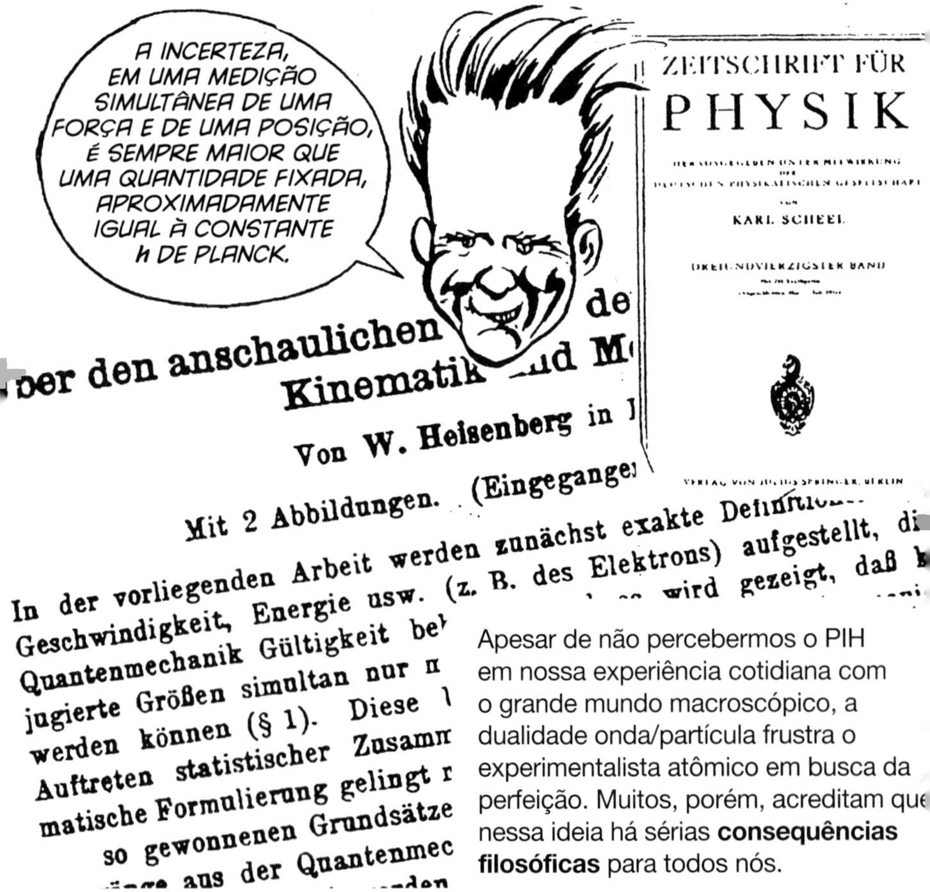
A INCERTEZA, EM UMA MEDIÇÃO SIMULTÂNEA DE UMA FORÇA E DE UMA POSIÇÃO, É SEMPRE MAIOR QUE UMA QUANTIDADE FIXADA, APROXIMADAMENTE IGUAL À CONSTANTE h DE PLANCK.
ZEITSCHRIFT FÜR
PHYSIK
KARL SCHEEL
ber den anschaulichen
Kinematik
Von W. Heisenberg in
Mit 2 Abbildungen. (Eingegange
In der vorliegenden Arbeit werden zunächst exakte Defin
Geschwindigkeit, Energie usw. (z. B. des Elektrons) aufgestellt, di
Quantenmechanik Gültigkeit be
jugierte Größen simultan nur n
werden können (§ 1). Diese
Auftreten statistischer Zusamm
matische Formulierung gelingt
so gewonnenen Grundsätze
aus der Quantenmec

Apesar de não percebermos o PIH em nossa experiência cotidiana com o grande mundo macroscópico, a dualidade onda/partícula frustra o experimentalista atômico em busca da perfeição. Muitos, porém, acreditam que nessa ideia há sérias **consequências filosóficas** para todos nós.

A derrocada do determinismo

No final do século XVIII, o filósofo francês **Pierre Simon de Laplace** (1749-1827) estabeleceu o princípio do determinismo:

SE CONHECÊSSEMOS, SIMULTANEAMENTE, AS POSIÇÕES E O MOVIMENTO DE TODAS AS PARTÍCULAS NO UNIVERSO, PODERÍAMOS CALCULAR SEU COMPORTAMENTO EM QUALQUER OUTRO TEMPO, NO PASSADO OU NO FUTURO.
TRADUZIDO DO FRANCÊS POR STEPHEN HAWKING

O **PIH** DESTRÓI A PRIMEIRA PREMISSA DESSA AFIRMATIVA, VISTO QUE NÃO CONHECEMOS A POSIÇÃO EXATA **E** O MOVIMENTO DE UMA PARTÍCULA **EM TEMPO ALGUM**. LOGO, O DETERMINISMO NÃO PODE SER ACEITO CONGRUENTEMENTE COM O **PIH**.

Essa conclusão tem seus críticos, que dizem que uma relação dessas, baseada no mundo atômico, não pode ser legitimamente elevada à lei universal. Mas essa crítica foi respondida eloquentemente alguns anos atrás por **Victor Weisskof** (n. 1908), um físico húngaro que participou de muitas reuniões nos anos 1930 no instituto de Bohr.

O PRINCÍPIO DA INCERTEZA TORNOU MAIS RICO, NÃO MAIS POBRE, NOSSO ENTENDIMENTO DA NATUREZA. ELE LIMITA A APLICABILIDADE DA FÍSICA CLÁSSICA AOS EVENTOS ATÔMICOS PARA ABRIR ESPAÇO PARA NOVOS FENÔMENOS, COMO A DUALIDADE ONDA/PARTÍCULA. PARA CITAR **HAMLET**:

"EXISTEM MAIS COISAS ENTRE O CÉU E A TERRA, HORÁCIO, DO QUE SONHA TUA FILOSOFIA."

Mas ninguém sonhara o que estava na filosofia do outro "Grande Dinamarquês", **Bohr**, na primavera de 1927.

Complementaridade

Durante um feriado em que foi esquiar na Noruega em 1927, Bohr descobriu o que ele acreditava ser o núcleo central para a compreensão da mecânica quântica, a dualidade onda/partícula.

APESAR DE OS COMPORTAMENTOS ONDULATÓRIO E O DE UM OBJETO EXCLUÍREM MUTUAMENTE UM AO OUTRO, AMBOS SÃO NECESSÁRIOS PARA O ENTENDIMENTO PLENO DAS PROPRIEDADES DO OBJETO. CHAMO ESSA NOVA SITUAÇÃO DE **COMPLEMENTARIDADE.**
SE DUAS DESCRIÇÕES SÃO MUTUAMENTE EXCLUSIVAS, ENTÃO PELO MENOS UMA DELAS DEVE ESTAR ERRADA.
SE UM OBJETO SE COMPORTA COMO UMA PARTÍCULA OU COMO UM ONDA, DEPENDE DE VOCÊ ESCOLHER O INSTRUMENTOS PAR OBSERVÁ-LO.

Um físico clássico diria...

Mas um físico quântico diria...

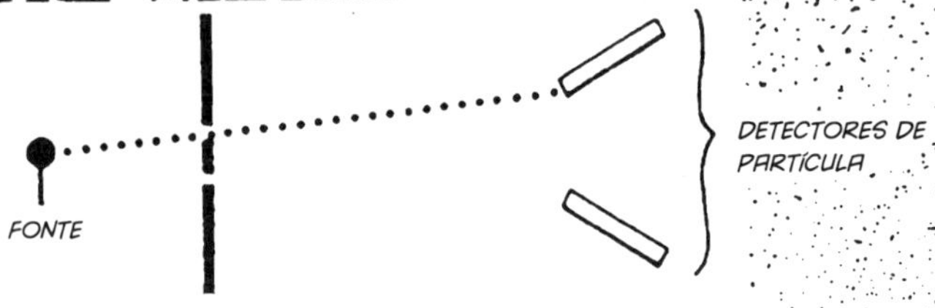
DETECTORES DE PARTÍCULA
FONTE

OBSERVANDO O FÓTON COM UM DETECTOR DE PARTÍCULA

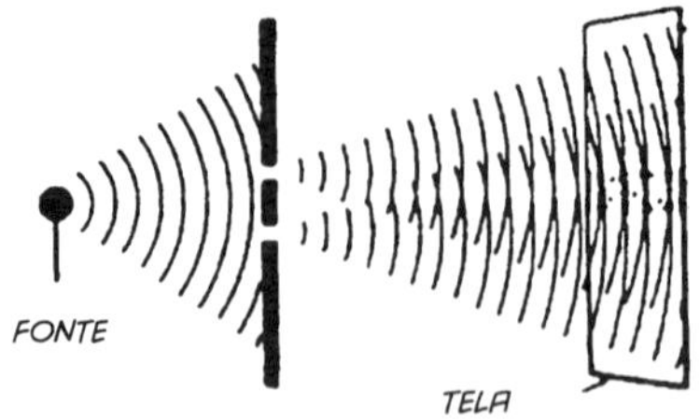
FONTE
TELA

OBSERVANDO O FÓTON COM UM DETECTOR DE ONDA

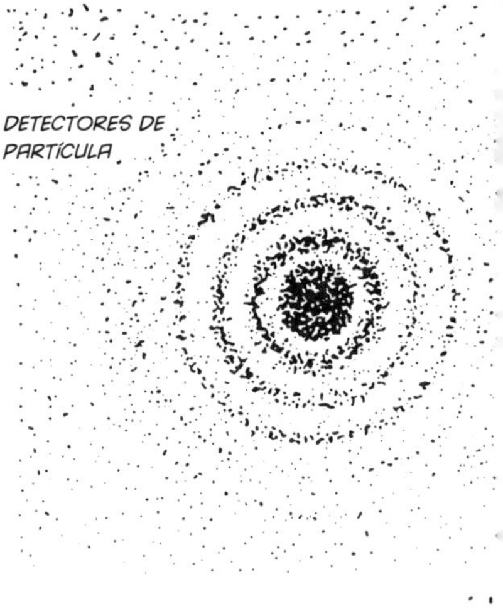

O ELÉTRON REVELA PROPRIEDADES ONDULATÓRIAS E DE PARTÍCULA

A interpretação de Copenhague

Depois de discutir seu conceito com Heisenberg durante várias semanas, Bohr começou a articular as várias partes da teoria quântica em um conjunto consistente. Ele combinou vários aspectos do trabalho de Heisenberg — mecânica matricial e o princípio da incerteza — com a interpretação probabilista que Born fizera da equação de onda de Schrödinger e com sua própria **complementaridade**.

DE MODO AINDA MAIS RADICAL, CONCLUÍ (COM HEISENBERG, PAULI E BORN) QUE A DESCRIÇÃO DE UM ESTADO DE UM SISTEMA ATÔMICO ANTES DE UMA MEDIÇÃO É INDEFINIDA, TENDO APENAS A POTENCIALIDADE DE ALGUNS VALORES COMO PROBABILIDADES SEGURAS.

Esse era outro conceito novo, focado no problema da medição quântica e em sua altamente significativa conexão com a física clássica. Essa coletânea de ideias tornou-se conhecida como a **interpretação de Copenhague.**

Como, Itália, setembro de 1927

Depois de ter batalhado durante meses para articular seu pensamento a respeito de todos os aspectos da teoria quântica, Bohr fez uma conferência em Como para os mais destacados físicos da Europa em setembro de 1927. Livre dos olhos e dos ouvidos críticos de Einstein (ele não poria o pé na Itália fascista), Bohr descreveu pormenorizadamente o **princípio de complementaridade** pela primeira vez.

IMAGINE QUE UM CONJUNTO DE PROVAS EXPERIMENTAIS SÓ PODE SER INTERPRETADO COM BASE NAS PROPRIEDADES ONDULATÓRIAS E OUTRO CONJUNTO APENAS COM BASE NAS DA PARTÍCULA. ESSES DOIS CONJUNTOS DE PROVAS NÃO SÃO CONTRADITÓRIOS.
DADO QUE AS PROVAS FORAM OBTIDAS SOB CONDIÇÕES EXPERIMENTAIS DIVERSAS, ELAS NÃO PODEM SER COMBINADAS EM UMA ÚNICA DESCRIÇÃO, ANTES DEVEM SER CONSIDERADAS COMO COMPLEMENTARES.

A Conferência de Solvay, outubro de 1927

No final de outubro de 1927, poucas semanas depois da reunião de Como, Bohr chegou ao Hotel Metrópole em Bruxelas para a histórica Conferência de Solvay, destacada no início deste livro.

DESSA VEZ, EINSTEIN ESTARÁ PRESENTE E ESTOU ANSIOSO PARA OUVIR O QUE ELE TEM A DIZER.

Einstein busca uma teoria que descrevesse a coisa **em si** e não a **probabilidade** de sua ocorrência. No entanto, Bohr estava confiante de que Einstein aceitaria sua interpretação, vinculada a experiências. Esse era o método que o próprio Einstein usara para defender sua teoria da relatividade especial, que também alterara o senso comum.

Mas, para completa surpresa e desapontamento de Bohr, Einstein anunciou…

EU NÃO GOSTO DA TEORIA DA PROBABILIDADE E ACHO QUE O CAMINHO SEGUIDO POR BORN, HEISENBERG E VOCÊ É APENAS TEMPORÁRIO, DE VALOR HEURÍSTICO, POR ASSIM DIZER.

Einstein resolvera demolir a interpretação de Copenhague atacando o "desagradável" princípio da incerteza no qual ele se baseava. Ele usou **experimentos de pensamento** engenhosos, na tentativa de contradizer a lei de Heisenberg. Mas, toda hora, Bohr encontrava uma falha no esquema de Einstein e refutava seu argumento.

A caixa de luz de Einstein

Três anos mais tarde, na Reunião de Solvay seguinte, o mais sério desafio surgiu. Einstein acreditava que finalmente encontrara um caso no qual o princípio da incerteza de Heisenberg fora violado. Ele descreveu uma caixa cheia de luz e sugeriu que tanto a **energia** de um único fóton como o **tempo** durante o qual ela emitia podiam ser exatamente determinados. Tempo e energia eram, em princípio, outro par de variedades governadas pelo princípio da incerteza de Heisenberg.

PRIMEIRO, A CAIXA PODE SER PESADA; ALÉM DISSO, UM SÓ FÓTON PODE SER LIBERADO EM UM INSTANTE PARTICULAR POR MEIO DE UM DISPARADOR OPERADO POR UM MECANISMO DE RELÓGIO DENTRO DA CAIXA.
DEPOIS, A CAIXA PODE SER PESADA DE NOVO. CONHECIDA A MUDANÇA DE MASSA, A ENERGIA DO FÓTON PODE SER CALCULADA COM MINHA EQUAÇÃO, **E = MC²**.
A MUDANÇA DE ENERGIA PODERIA ENTÃO SER CONHECIDA, ASSIM COMO O TEMPO PRECISO EM QUE O FÓTON FOI EMITIDO. ISSO SERIA, ENTÃO, O FIM DE SEU PRINCÍPIO DA INCERTEZA.

Uma noite em claro

Bohr teria ficado desorientado? Aparentemente, ele passou a noite inteira em claro tentando determinar o que estava errado com o experimento, até que a resposta finalmente apareceu. Na manhã seguinte, ele produziu um desenho da caixa de luz. E então, para completo desgosto de Einstein, Bohr refutou seu argumento da "caixa de luz".

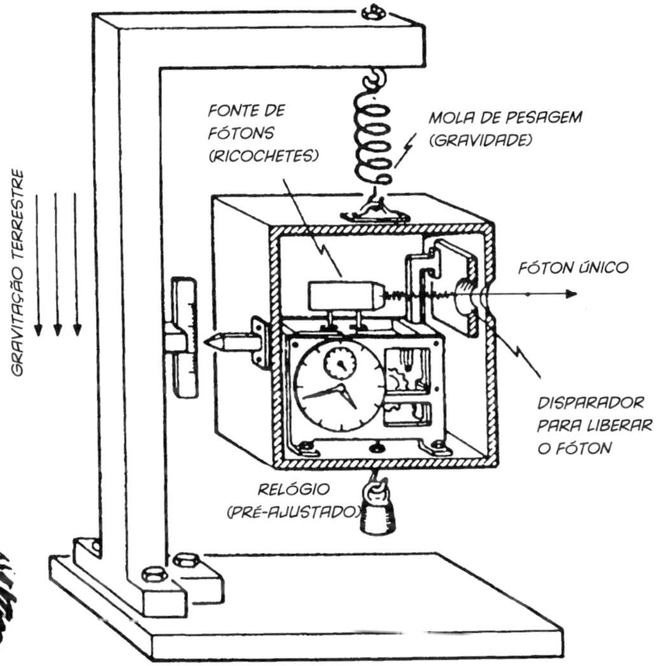

FONTE DE FÓTONS (RICOCHETES)
MOLA DE PESAGEM (GRAVIDADE)
GRAVITAÇÃO TERRESTRE
FÓTON ÚNICO
DISPARADOR PARA LIBERAR O FÓTON
RELÓGIO (PRÉ-AJUSTADO)

CAIXA DE LUZ DE EINSTEIN (ESBOÇO DE BOHR)

QUANDO O FÓTON FOR LIBERADO, HAVERÁ UM RICOCHETE, CAUSANDO UMA INCERTEZA NA POSIÇÃO DO RELÓGIO NO CAMPO DA GRAVITAÇÃO TERRESTRE.

ISSO PRODUZIRÁ UMA INCERTEZA CORRESPONDENTE NO DEVIDO TEMPO REGISTRADO– ACREDITE OU NÃO – À SUA PRÓPRIA TEORIA GERAL DA RELATIVIDADE.

O mestre se esquecera de sua própria teoria, e Bohr a usou para calcular justamente a incerteza prevista pela relação de Heisenberg. Depois desse incidente, a interpretação de Copenhague tornou-se a perspectiva ortodoxa de encarar a teoria quântica. E assim permanece até os dias de hoje.

O paradoxo EPR

E Einstein? Será que ele desistiu? Não exatamente. Cinco anos mais tarde, depois que a ascensão de Hitler ao poder dispersou os físicos europeus pelos quatro cantos do mundo, Einstein foi parar no Instituto de Estudos Avançados de Princeton, Nova Jérsei. Com dois colegas mais jovens, **Boris Podolsky** (1896-1966) e **Nathan Rosen** (n. 1909), ele desenvolveu outro desafio para Bohr que não era baseado no **princípio da incerteza**. Ele é conhecido como **paradoxo EPR**, reproduzindo os nomes de seus autores.

É POSSÍVEL OBTER UM PAR DE PARTÍCULAS, DIGAMOS, ELÉTRONS, NO ASSIM CHAMADO **ESTADO INDIVIDUAL**, QUANDO SUAS ROTAÇÕES CANCELAM UMAS ÀS OUTRAS PARA CHEGAR A UMA ROTAÇÃO TOTAL ZERO. SUPONHAMOS QUE ESSAS PARTÍCULAS **A** E **B** MOVAM-SE BEM SEPARADAMENTE, DEPOIS DO QUE A ROTAÇÃO DE **A** EM DETERMINADA DIREÇÃO É MEDIDA E SE CONCLUI QUE ELA SEJA "ASCENDENTE".
DO FATO DE AS DUAS ROTAÇÕES TEREM DE SE ANULAR RUMO A ZERO, SEGUE-SE QUE A PARTÍCULA B QUE ESTEJA NA MESMA DIREÇÃO DEVE TER ROTAÇÃO "DESCENDENTE".
NA FÍSICA CLÁSSICA, ISSO NÃO SERIA PROBLEMA ALGUM. SIMPLESMENTE SE PODERIA CONCLUIR QUE A PARTÍCULA **B** SEMPRE TEVE ROTAÇÃO "DESCENDENTE", DESDE O MOMENTO DA SEPARAÇÃO.
Podolsky

EINSTEIN DEIXA A ALEMANHA PARA SEMPRE EM 1933.

O princípio da localidade

CONTUDO, SEGUNDO A INTERPRETAÇÃO DE COPENHAGUE, A ROTAÇÃO DE **A** NÃO TEM VALOR DEFINIDO, ATÉ QUE SEJA MEDIDA, PONTO NO QUAL ELA DEVE PRODUZIR UM EFEITO INSTANTÂNEO EM B, **COLAPSANDO SUA ONDA DE ROTAÇÃO NO** SENTIDO OPOSTO, OU ESTADO "DESCENDENTE".
ESSA SITUAÇÃO BIZARRA DEMANDA UMA AÇÃO-A-DISTÂNCIA OU EM COMUNICAÇÃO A **UMA VELOCIDADE MAIOR QUE A DA LUZ,** NADA DISSO SENDO ACEITÁVEL.
ROSEN

Einstein e seus colegas estavam convencidos de que tinham demonstrado a existência de variáveis ocultas (*elementos de realidade*) que a teoria quântica falha em analisar; portanto, eles teriam demonstrado que a teoria é **incompleta**.

A grande questão aqui era a da **separabilidade** de Einstein, isto é, seu princípio da localidade…

SE DOIS SISTEMAS ESTIVERAM ISOLADOS UM DO OUTRO POR ALGUM TEMPO, UMA MEDIÇÃO NO PRIMEIRO NÃO PODE PRODUZIR **MUDANÇA REAL** NO SEGUNDO.
NÃO ESQUEÇA MINHA RELATIVIDADE ESPECIAL – NADA SE MOVE MAIS RAPIDAMENTE QUE A LUZ!

Bohr e a não localidade

Não se podia admitir essa separabilidade ou localidade, disse Bohr. Ele lembrou imediatamente a Einstein (e ao mundo) que a interpretação de Copenhague sempre afirmava...

DOIS ELÉTRONS EM ROTAÇÃO SIMPLES EM CADEIA ↑+↓ = O
A
B
LIMITE DO SISTEMA DE BOHR
DIGA-ME SE VOCÊ ESTÁ PARA CIMA OU PARA BAIXO. EU TENHO DE FICAR AO CONTRÁRIO.
NÃO VOU SABER ENQUANTO ALGUÉM NÃO ME MEDIR. (SEGUNDO BOHR)
A
B
NÃO VÁ PARA MUITO LONGE! SEUS SINAIS PODEM ULTRAPASSAR A VELOCIDADE DA LUZ. (SEGUNDO EINSTEIN)
NÃO SE PREOCUPE, SOMOS AMBOS PARTES DO MESMO SISTEMA. (SEGUNDO BOHR)
A
B
MEIO DO UNIVERSO
ISSO É UM GRANDE SISTEMA.

A mecânica quântica não permite uma separação entre o observador e o observado. Os dois elétrons e o observador fazem parte de um único sistema. O experimento EPR não demonstra a incompletude da teoria quântica, mas a ingenuidade de admitir condições locais para os sistemas atômicos. Uma vez que tenham sido conectados, os sistemas atômicos nunca se separam.

A grande pergunta era se essa propriedade notável da não localidade poderia ser alguma vez experimentalmente testada. Ou a existência da **separabilidade** de Einstein é que poderia ser provada?

Teorema da desigualdade de Bell

Decorridos trinta anos do EPR, pouquíssimo progresso se fez no que diz respeito a essa importante questão, até que um físico de Belfast, **John S. Bell** (1912-1990), tirou uma licença de um ano do CERN (European Center for Nuclear Research). Ele desenvolveu um engenhoso **princípio de desigualdade** para testar as questões suscitadas pelo paradoxo.

O TESTE SE BASEIA EM **FÓTONS** CORRELATOS (EM VEZ DE ELÉTRONS) NOS QUAIS A POLARIZAÇÃO DA LUZ É DETECTADA EM VEZ DE UMA ROTAÇÃO. MAS OS PRINCÍPIOS SÃO OS MESMOS: **COMO MUDANÇAS EM A AFETAM B?**

Para derivar essa desigualdade, Bell usou alguns fatos e ideias com os quais qualquer pessoa poderia concordar, exceto... a condição da localidade de Einstein, que Bell tomou como verdadeira.

Agora, se os experimentos mostravam que a **desigualdade fora violada**, isso significaria que uma das premissas em sua derivação era falsa. Bell decidiu interpretar isso como significado de que a natureza é não local.

Experimentos feitos por **John Clauser** e outros em Berkeley em 1978 e, em particular, pelo grupo de **Alain Aspect** em Paris em 1982, indicavam verificação experimental da violação da desigualdade de Bell.

FTM = TUBO FOTOMULTIPLICADOR

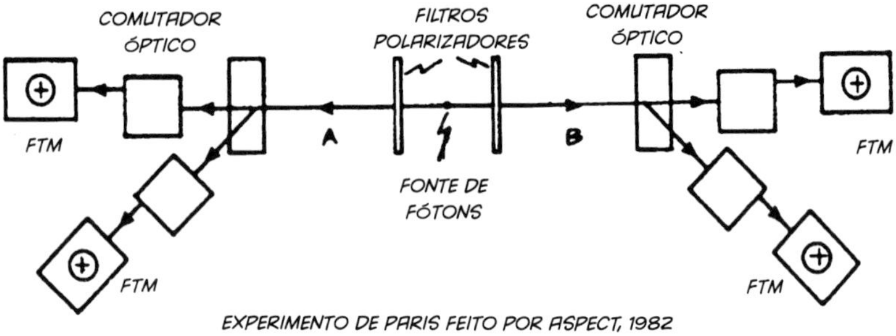

EXPERIMENTO DE PARIS FEITO POR ASPECT, 1982

Isso significa que, a despeito das aparências locais dos fenômenos, nosso mundo é na realidade sustentado por uma realidade invisível, que é imediada e que **permite uma comunicação mais veloz que a luz, até mesmo instantânea.**

Interações sob a realidade não local

1. A interação não diminui com a distância.
2. Ela pode atuar instantaneamente (mais velozmente que a velocidade da luz).
3. Ela conecta posições sem cruzar o espaço.

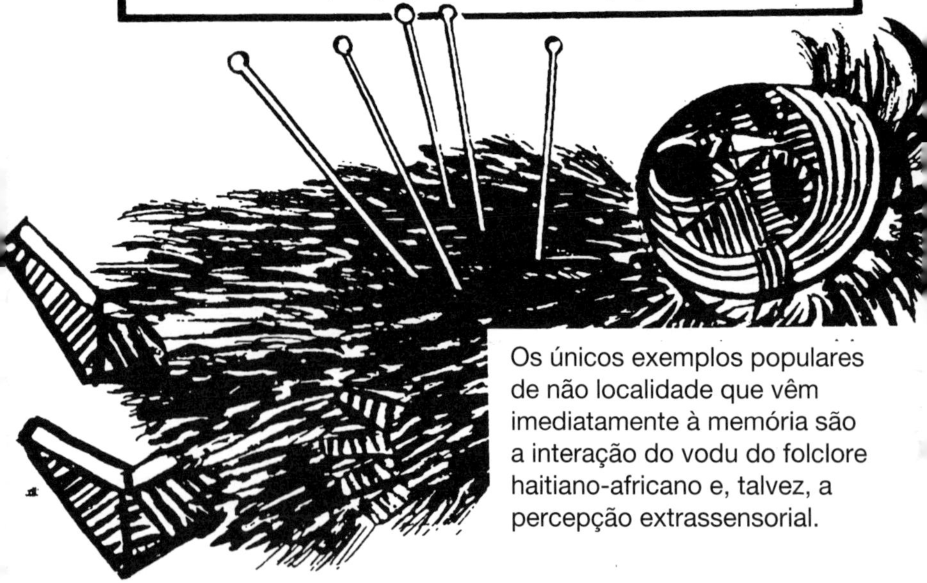

Os únicos exemplos populares de não localidade que vêm imediatamente à memória são a interação do vodu do folclore haitiano-africano e, talvez, a percepção extrassensorial.

Um mundo por descobrir

Esse pareceria ser o mais notável aspecto da natureza e uma descoberta decorrente da aplicação da teoria quântica. O trabalho de Bell, que pode ser aplicado a qualquer teoria dos fundamentos da natureza (ou seja, não apenas à teoria quântica), viria a se revelar como uma das mais importantes ideias teóricas do século XX.

SERÁ QUE ESSES EXPERIMENTOS SIGNIFICAM QUE EINSTEIN ESTAVA ERRADO E QUE O EXPERIMENTO **EPR** NÃO É PARADOXO ALGUM?
CLARO QUE NÃO! É PRECISO TER MUITO CUIDADO NA INTERPRETAÇÃO DESSES EXPERIMENTOS.

Apesar do grande entusiasmo visto na última década, começam a ser detectadas algumas lacunas em experimentos como o de Aspect, baseados em análise estatística de centenas de medições. Essas lacunas fizeram a prova do teorema de Bell retroceder à posição de uma questão aberta. Einstein e o paradoxo EPR ainda estão vivos! Muita pesquisa acerca dessa questão vem sendo feita em todo o mundo, como podemos ver em uma página de internet recentemente consultada:

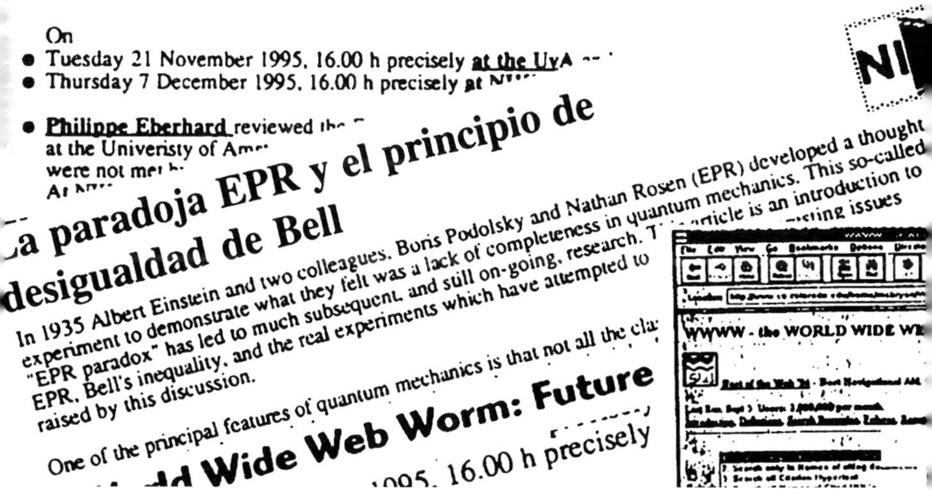
On
Tuesday 21 November 1995, 16.00 h precisely at the UvA
Thursday 7 December 1995, 16.00 h precisely at
Philippe Eberhard reviewed the
at the Univeristy of Am
were not met
La paradoja EPR y el principio de desigualdad de Bell
In 1935 Albert Einstein and two colleagues, Boris Podolsky and Nathan Rosen (EPR) developed a thought experiment to demonstrate what they felt was a lack of completeness in quantum mechanics. This so-called "EPR paradox" has led to much subsequent, and still on-going, research. This article is an introduction to EPR, Bell's inequality, and the real experiments which have attempted to
raised by this discussion.
One of the principal features of quantum mechanics is that not all the cla
World Wide Web Worm: Future
1995, 16.00 h precisely
WWWW - the WORLD WIDE WEB

A teoria quântica e o novo milênio

A famosa troca de ideias retratada na foto reproduzida nesta página não representa o **mais sério** desafio feito por Einstein à interpretação da teoria quântica feita por Bohr. As ondas de Schrödinger e o princípio da incerteza de Heisenberg realmente funcionam! Mas o paradoxo EPR é outra história.

DEUS NÃO JOGA DADOS COM O UNIVERSO.
PARE DE FICAR DIZENDO O QUE DEUS TEM DE FAZER!

É bem verdade que os experimentos feitos em 1982 sobre os fótons correlacionados (Aspect et alii) pareciam confirmar as violações do teorema de Bell, sugerindo que a natureza é não local. A matéria parecia ser determinada.

Mas a **não localidade** pode ser realmente verdadeira? Podemos viver com o conceito absurdo de **ação-a-distância** (vodu, percepção extrassensorial etc.)?

Atualmente, nem todos concordam que os experimentos de correlação sejam conclusivos. Então, para onde isso nos levará?

John Archibald Wheeler, físico quântico

A única pessoa capaz de responder atualmente a essa pergunta é **John Wheeler** (n. 1911), professor emérito de física na Universidade de Princeton. Wheeler esteve na vanguarda da física do século XX — cosmologia relativista e teoria quântica — durante mais de sessenta anos. Ele é célebre por seus incansáveis esforços para compreender todos os aspectos do formalismo quântico. Sua obra enfatizou o papel central do observador na *criação da realidade*.

ALGUNS DE NÓS SIMPLESMENTE NÃO PODEM ACEITAR TODAS AS EXPLICAÇÕES IMPLÍCITAS NA **INTERPRETAÇÃO DE COPENHAGUE**, ESPECIALMENTE A NÃO LOCALIDADE. SERÁ QUE EINSTEIN ESTARIA CERTO... OUTRA VEZ?
NO CASO DO PARADOXO **EPR**, LEMBRE-SE: NÃO TEMOS DIREITO DE PERGUNTAR O QUE OS FÓTONS ESTÃO FAZENDO ENQUANTO VIAJAM. **NENHUMA PARTÍCULA ELEMENTAR É UM FENÔMENO, ATÉ QUE SEJA REGISTRADA.** AFIRMO QUE, NO CONTEXTO COTIDIANO, A TEORIA QUÂNTICA É INABALÁVEL, IMUTÁVEL, INVENCÍVEL — TRATA-SE DE UMA **BATALHA TESTADA.**

Uma palavra final

Wheeler me escreveu recentemente...

Dezembro de 2000 é o 100º aniversário da maior descoberta já feita no mundo da física, o quantum. Para celebrá-lo, proponho o título "O quantum: glória e vergonha". Por que glória? Porque não há ramo da física que não seja iluminado pelo quantum. A vergonha, porque ainda não sabemos "por que o quantum?".

Leitura indicada

A teoria quântica não pode ser *explicada*. Físicos e matemáticos, de Niels Bohr a Roger Penrose, admitiram que ela não faz sentido. O que cada um *tem a fazer* é descobrir como as ideias se desenvolveram e como a teoria é aplicada. Nosso livro concentrou-se no primeiro tópico. Outras recomendações são elencadas a seguir.

Desenvolvimento da teoria quântica

Teoria Quântica, J. C. Polkinghorne. L&PM editores. Excelente, embora condensada, leitura, obra de um autor que estudou o assunto com Dirac.
Taking the Quantum Leap, Fred Alan Wolff. Harper and Row. Apresentação dinâmica das ideias básicas e, contudo, surpreendentes da teoria quântica.

Vida e obra das figuras principais

Sutil e o senhor, Abraham Pais. Nova Fronteira. Entre as dúzias e dúzias de escritos biográficos de Einstein, esse é o definitivo.
Física e filosofia, Werner Heisenberg. UNB. Discussão da interpretação de Copenhague e sua importância para a filosofia feita pelo descobridor da mecânica matricial e do princípio da incerteza com trinta anos de distância.
Schrödinger: Life and Thought, Walter Moore. Cambridge University Press 1989. Biografia aclamada do polímata, com verrugas e tudo.
Beyond the Atom: Philosophical Thoughts of Wolfgang Pauli, K. V. Laurikainen. Springer-Verlag. Pensamentos do cínico que sonhava com o princípio de exclusão e que, certa vez, descreveu a teoria como sendo tão fraca... *que não conseguia nem mesmo ser errada!*
Em busca da unificação, Gradiva, Paul Dirac. Conjunto de conferências proferidas por Dirac e que inclui seu ponto de vista sobre a obra inacabada dos teóricos fundamentais.

Interpretações da teoria quântica

A realidade quântica, Francisco Alves. Síntese das várias interpretações da teoria quântica, algumas das quais até já perderam credibilidade.

Teoria quântica na internet

É possível baixar alguns clipes interessantes mostrando funções de onda que demonstram o princípio da incerteza e o espalhamento quântico. Formatos: Windows e Maquiavel. Palavras-chave: Visual Quantum Mechanics Project

Agradecimentos

Esse livro tornou-se mais difícil do que eu podia imaginar. Felizmente, fui abençoado por ter Oscar Zarate outra vez como parceiro para mostrar que se trata, acima de tudo, de uma aventura humana. As conversas com John Polkinghorne, Chris Isham e John Wheeler foram muito úteis, e a biografia de Bohr escrita por Abraham Pais foi uma fonte essencial. Estou em débito com o historiador da ciência Martin Klein, cujos artigos publicados no número especial revista The Natural Philosopher sobre os trabalhos iniciais de Planck e de Einstein sobre os quanta foram os primeiros a me abrir os olhos vinte e cinco anos atrás. Minha mulher, Pat, e outros membros de minha família foram maravilhosamente pacientes com meus silêncios melancólicos.

J. P. McEvoy

Os autores

J. P. McEvoy foi cientista pesquisador e professor e se tornou um escritor científico e jornalista. Ele é autor de Stephen Hawking for Beginners.

Oscar Zarate ilustrou Freud, Lenin, Mafia, Machiavelli e Stephen Hawking for Beginners. Ele publicou muitas graphic novels internacionalmente reconhecidas. Seu livro *A Small Killing*, com Alan Moore, ganhou o prêmio Will Eisner como graphic novel de 1994.

Índice remissivo